A Door to the Future

未来へのトビラ
File No.008

東京五輪マラソンで日本がメダルを取るために必要なこと

酒井政人
Masato Sakai

ポプラ選書

カバー装画　alma
カバーデザイン　bookwall

まえがき　1964年の東京オリンピックに思いを寄せて

1964年の〝感動〟を筆者は知らない。しかし、市川崑《いちかわこん》が総監督《かんとく》を務めた記録映画『東京オリンピック』は何度も観《み》た。個人的に一番印象に残っているシーンは男子マラソンだ。現在は高層ビルが建ち並ぶ新宿エリアは広々としていた。そんな新宿の甲州《こうしゅう》街道に何重もの人垣《ひとがき》ができて、その中をランナーたちが次々と走り抜《ぬ》けていく。

カメラはレース中盤《ちゅうばん》から独走したアベベ・ビキラ（エチオピア）の姿を正面からとらえている。ギリギリまで接近して撮影《さつえい》された横顔。赤銅《しゃくどう》色の肌《はだ》に汗《あせ》が輝《かがや》きながら流れている。「走る哲学者《てつがくしゃ》」と呼ばれたアベベは、表情を崩《くず》すことなく飄々《ひょうひょう》と駆《か》け抜けて、オリンピック連覇《れんぱ》を飾《かざ》った。

「ニッポンの円谷《つぶらや》がきました。円谷、第2位。第3位はヒートリー。その差はわずか10m。円谷、がんばれ！　円谷、がんばれ！」

ほどなく聞こえてくるのが、アナウンサーの興奮した実況《じっきょう》だ。国立競技場に日本の円谷幸吉《こうきち》が入ってきた。だがその背後からベイジル・ヒートリー（英国）が迫《せま》ってくる。

円谷はヒートリーにかわされて3位に転落したとはいえ、大観衆から盛大《せいだい》な拍手《はくしゅ》が送られた。同時にカメラは疲労困憊《ひろうこんぱい》な円谷の姿を映している。その後の〝惨劇《さんげき》〟を知っていると、円谷が抱《かか》えていた〝闇《やみ》〟を少しだけ感じることができるだろう。

東京オリンピックで国立競技場に日の丸を掲《かか》げたのは円谷幸吉ただひとりだった。

あれから56年。ＴＯＫＹＯで再び、オリンピックが開催《かいさい》されることになる。日本人に人気のあるマラソンでヒーローは誕生するのか。本書は、その〝可能性〟を探《さぐ》るべく、様々なアプローチから執筆《しっぴつ》したものだ。

皆《みな》さんとともに、日本人ランナーの〝夢〟を追いかけたいと思う。

本書における選手の所属チーム、自己ベストなどは2015年11月15日現在のものです。

【参考文献《ぶんけん》】
『月刊陸上競技』（講談社／陸上競技社）
『マラソン哲学　日本のレジェンド12人の提言』（講談社／陸上競技社）

東京五輪マラソンで日本がメダルを取るために必要なこと／目次

第5章 東京五輪で活躍が期待される有望選手たち

第6章 東京五輪のマラソンでメダルを獲得する方法

第1章

北京世界選手権のマラソンが惨敗した理由

男子マラソン勢の失敗が意味するもの

2015年夏に開催《かいさい》された北京《ペキン》世界選手権。オープニングを飾《かざ》る男子マラソンは日本勢にとって厳しい戦いが予想されていた。2月の東京で2時間7分39秒（日本歴代6位）をマークした今井正人《いまいまさと》（トヨタ自動車九州）が髄膜炎《ずいまくえん》を発症《はっしょう》して、欠場することになったからだ。

エースを欠いた日本勢は、藤原正和《ふじわらまさかず》（Honda）と前田和浩《まえだかずひろ》（九電工）が出場するも、ふたりとも中間点を前に後退。藤原は2時間21分06秒の21位、前田は2時間32分49秒の40位に沈んだ。

そして、レース後に藤原が発したコメントに筆者は絶望した。何が足らなかったのか？　という記者の質問に対して、「現時点では何とも言えません。これから今までのことを総括《そうかつ》して、何がダメだったのか考えたい」と話したからだ。正直、聞きたくない言葉だった。初めて世界大会に出場する20代前半の選手が言うなら理解できる。3度の世界選手権代表のキャリアがある34歳《さい》の選手が「分からない」のであれば、誰《だれ》が分かるだろう。

だからといって、藤原が悪いとは思わない。彼は自分のなかで、対策を練り、やるべきことをやってきたからだ。「ここまではいい練習ができていました。うまくピークも合わせられましたし、落ち着いてスタートラインに立つことができたんです」（藤原）と仕上がりは順調だった。

ペースメーカーのいない世界大会では、ペースの上げ下げが頻繁《ひんぱん》に起こる。藤原は微妙《びみょう》なスピードチェンジに対応できるような練習もしてきたという。そして、「前回のように集団の後ろで行って、インターバルのようなかたちになるよりは、多少揺《ゆ》さぶりがあっても前方でついていった方が楽だったので、前半はいい走りができたと思います」と集団内でのレース運びは、前回の反省を生かしていた。しかし、「20㎞過ぎにカラダ全体が動かなくなった」と失速した。他にもこんなことを話していた。

「順位も良くないですし、申し訳ないレースでした。半分までは非常にいいレースができたんです。ひとりになってから、しっかりと前を追いかけようと思っていたんですが、動かなかった。淡々《たんたん》と走れるタイプだと思っていたんですけど、行けなかったですね。

後半は暑くなると思っていました。序盤《じょばん》は向かい風があったので、前に出て、カラダを冷やそうとしたので、そのあたりはうまくいったんですけど、太陽が昇《のぼ》った後は暑かったですね。帽子《ぼうし》のなかが蒸《む》れて頭がボーッとしてきたので、ちょっと良くないなと思って、途中《とちゅう》で脱《ぬ》ぎました。ここまでいい練習ができていたので、もっとつきたかったなと。

連続入賞で日本の伝統を引き継《つ》ぎたかったですし、ここでリオ五輪代表を決めたい気持ちもありました。今井の分も頑張《がんば》ろうと、前田とふたりで話していました。

国際大会はペースの上げ下げもあります。ワールドマラソンメジャーズのような大会で、強いアフリカ勢ともまれて順位をとるレースをしていかないと、これからの日本はもっと厳しくなるかなと思っています。自分自身もベルリンマラソン（10年9位、12年10位）に出て、強化をしてきましたけど、どんどん外に出て走ることが大切ですし、なおかつ結果を残さないといけない。観光がてら行くんじゃなくて、外で勝負できるように若い選手たちはなってほしいと思います」

前田も直前の状態は悪くなかったというが、19km過ぎに脚《あし》がつりはじめた。太腿《ふともも》前部、ハムストリングス、ふくらはぎ。痙攣《けいれん》は両脚全体に広がり、ペースを落としてゴールを目指すしかなかった。「こんな状態になったのは初めてです。給水もしっかり摂《と》っていたので、暑さの影響《えいきょう》ではないと思います。ただ、後半に糖質を摂ったとき、脚の状態も一時的には元に戻《もど》ったので、脱水《だっすい》症状だったのかもしれません」と前田は話していた。

スタート時の気温は22度、湿度《しつど》は73%。徐々《じょじょ》に気温が上昇したとはいえ、想定内の暑さだったにもかかわらず、日本勢は自滅《じめつ》した。しかも、その原因はハッキリしていない。8大会連続で「入賞」を続けてきた男子マラソンの〝粘《ねば》り強さ〟は少しも見られなかった。

いずれにしても男子マラソンの日本勢は「完敗」した。しかも、リオ五輪前の世界選手権で。オリンピック前の世界選手権には、翌年の大舞台《おおぶたい》を目指す選手たちの台頭が必要不可欠だが、今回はそれがまったくなかったことになる。藤原と前田はともに34歳。2年前のモスクワ世界選手権に続く日本代表で、前回は藤原が14位、前田が17位だったので、ともに順位を落としたことになる。藤原のベストタイムは2時間8分12秒、前田は2時間8分00秒。03年と13年にマークしたもので、年齢《ねんれい》を考えると、前回から〝期待値〟を上乗せするのは難しかっただろう。

34歳の選手ふたりが力負けしたのではなく、〝日本のマラソン界〟が惨敗《ざんぱい》したのだ。ミックスゾーンに現れた両選手はともに「申し訳ない」という感情が顔に出ていた。

国内のメジャー大会もそうだが、世界選手権に出場した選手は全員ミックスゾーンと呼ばれるエリアを通過しないといけない。世界各国から集まるメディアが取材できるように、ミックスゾーンは広く設置されており、選手たちは長い通路を通り、呼び止められた記者の質問に応えるかたちになっている。

北京では世界的なスターでもない21位に終わった藤原を20名以上の記者が取り囲んだ。メダルを獲得《かくとく》した選手でも20人以上の記者に囲まれることはほとんどない。世界的に見ると異常な光景だ。なかには、なにをやっているんだ？　とチラッと横目で確認してから、通り過ぎる外国人選手もいる。今回のミックスゾーンは日本勢にとって悲劇で、他国から見たら喜劇だった。

北京で感じた〝絶望感〟の正体

宗猛《そうたけし》コーチ(男子中長距離《きょり》・マラソン部長)は、今井の欠場が決まった時点で〝惨敗〟の予感を察知していたという。今井は持ちタイムでも1番で、ナショナルチームの合宿でとったデータでも暑さへの適応力がダントツに良かったからだ。

「今井がギリギリ8位、藤原の力からすれば16〜18位、前田が26〜27位ぐらいに入ればという読みだったので、結果としては少し悪いくらいです。あくまで私見ですが、暑さに対する適応力は今井を10とすれば、藤原は6、前田は3ぐらいでしたから。気温が上がるにつれて段々と厳しくなってきたなと感じましたね。

年齢を考えると若いときのような練習では、疲労《ひろう》が残ってしまう。疲労のある状態でスタートラインにつくと暑さには勝てない。ベテランになれば、練習の適応化をもう少し考えていかないと厳しい面がある。練習をやりすぎたのかもしれません。今日は湿度のない状態で、これぐらいだと、湿度があったらどうなるのか。逆に不安になりました」

宗コーチの話を聞いたときに、夏のマラソンを戦うのに、冬のマラソンで代表選手を選考することはナンセンスだなと感じざるをえなかった。勝負できないと分かっている選手を派遣《はけん》することになるからだ。

「先頭グループのなかでレースをするなら、見極《みきわ》めが必要になる。気温が高いなか、早め、早めに仕掛《しか》けていき、最後まで我慢《がまん》した選手が勝った。流れのなかでうまくレースを進めないと勝負になりません。現実を突《つ》きつけられて、どう立て直すか。暑さ対策は、科学委員などと相談しながらやっていく必要がありますね」

北京では夏のマラソンらしく、超《ちょう》スローペースでスタートした。日本勢も何かを起こせるかもしれないと、期待をもてる展開になった。しかし、〝期待感〟はレース中盤で〝絶望感〟に変わった。手のひらを冷やして体温の上昇を緩《ゆる》やかにする新兵器「コアコントロール」の効果も、パフォーマンスにはあまり影響しなかった。

まったく勝負できずに、世界選手権で8大会続いていた入賞が途絶《とだ》えた。

「優勝したエリトリアの選手は日本でいうインカレなどにも出場しながら、日本のマラソン練習を参考にやってきたと聞いています。それで世界選手権に勝ったわけですから、日本の練習自体は間違《まちが》っていない。あとは、日本の選手がキッチリと結果を出さないと意味がありません。

世界との力の差はすごく感じましたよ。これをどう埋《う》めていくのか。現状のなかで勝負していくのは厳しい。1番は若手への期待。若くて勢いのある選手がマラソンに挑戦して、そのなかから暑さに強い選手を選考できれば、戦える余地はあると思います。東京五輪は若手に期待したい」

こんな宗コーチの言葉を聞いて、少しは淡《あわ》い期待を抱《いだ》いたが、その日の夜には再び、〝絶望感〟に襲《おそ》われた。男子1万mで3人の若者が世界に初挑戦したものの、無様な結果に終わったからだ。

ちなみに男子マラソンを制したのは無名の19歳、ギルメイ・ゲブレスラシエ(エリトリア)だ。日本でいえば大学2年生と同世代。スローペースになったため、優勝記録は2時間12分28秒と伸《の》びなかったが、35㎞から40㎞の5㎞を14分53秒で突っ走り、栄冠《えいかん》を手にしている。5年後はまだ24歳。このままで日本勢が太刀《たち》打ちできる要素があるとは少しも感じることはできなかった。

3人全員が周回遅れとなった男子1万mの現実

男子1万mには22歳の村山謙太《むらやまけんた》（旭化成《あさひかせい》）、23歳の設楽悠太《したらゆうた》（Ｈｏｎｄａ）、25歳の鎧坂哲哉《よろいざかてつや》（旭化成）が出場した。序盤は社会人1年目の村山が2〜3番手でレースを進めるも、1000mの通過は2分52秒3というスローペースだった。しかし、ほどなくして村山が後退。トップ集団は徐々にペースを上げて、2000m過ぎには村山だけでなく、設楽も集団から置いていかれた。

鎧坂も3000m過ぎから徐々に遅れる。5000mの通過はトップ集団が13分40秒8で、鎧坂は13分52秒8。設楽は14分33秒5、村山は14分39秒8だった。そして、5700m付近で村山が周回遅れ。6000m付近で設楽もトップ争いの選手たちにかわされた。

遠くなる入賞ライン（8位）を追いかけた鎧坂も、終盤トップ集団に飲み込《こ》まれる。日本勢は出場3人全員が周回遅れという屈辱《くつじょく》を味わった。

皮肉なことに、新採用された「サンライズレッド」のユニフォームはよくない目立ち方をした。村山が29分50秒22の22位、設楽が30分08秒35の23位。村山と設楽は〝ダントツ〟の最下位争いを繰《く》り広げて、ともに上位選手に2周差をつけられた。世界の壁《かべ》は高く、村山と設楽のふたりは、ともに実力を出し切れなかった。

鎧坂は28分25秒77の18位でフィニッシュするも、優勝したモハメド・ファラー（英国）は27分01秒13。暑さと序盤スローペースのなかで、日本記録よりも30秒以上速いタイムを刻んでいる。それだけ世界と日本勢には実力差があるということだ。

レース後、鎧坂はこんな話をしていた。

「残念の一言。不甲斐《ふがい》ないですね。5000mは13分50秒ぐらいで通過したので、後半も同じぐらいのペースで走りたいと思っていましたが、その地点で第2集団でした。勝負はできていなかったですし、後半もペースが落ちる一方で力不足を感じるだけでした。

調整は悪くなく、いい状態で迎《むか》えることができました。でも緊張《きんちょう》もしましたし、場に飲まれていたと思います。7000mぐらいはこんなに苦しかったかなという状態でした。

世界選手権は初めてでしたけど、今後につなげるというより、勝負をする気持ちでいました。憧《あこが》れの舞台から現実の舞台になりましたが、現実を思い知らされましたね。今までやってきたことが間違いではないと思いますが、新たなこともやっていかないといけない」

〝新たなこと〟の答えは簡単ではない。実はもう何年も日本人選手たちは同じような「失敗レース」を繰り返しているからだ。世界大会特有ともいえるペースの上げ下げでリズムを崩《くず》して、体力を消耗《しょうもう》。終盤の勝負どころを迎える前に、自滅している。

女子1万mも物足りなかった。西原加純《にしはらかすみ》（ヤマダ電機）が32分12秒95の13位、高島由香《たかしまゆか》（デンソー）が32分27秒79の20位、小原怜《おはられい》（天満屋《てんまや》）が32分47秒74で22位。

入賞ラインに100m以上も引き離された。しかし、何もしないまま終わった男子とは違い、ひとつの〝戦略〟のうえでは勝負を仕掛けていた。

前半は高島と小原の興譲館《こうじょうかん》高校OGコンビが交互《こうご》に先頭を引っ張り、1000m3分14秒前後のペースで5000m過ぎまで進んだ。なぜこんなことをしたのかというと、先頭集団が入れ替わることで、ペースの上げ下げが生じる。そういうレースが不慣れな日本勢は自ら先頭を引っ張ることで、ペースを一定に保ったのだ。

不発に終わったものの実はこの作戦、今回が初めてではなく、過去の世界大会でも何度か実践《じっせん》している。1番の成功例は、2013年モスクワ世界陸上の新谷仁美《にいやひとみ》だ。3500m付近で先頭に立つと、1000m3分03秒というハイペースに持ち込み、ペースを安定させる。同時にトップ集団の人数を減らしていく。残り500mからのティルネッシュ・ディババ（エチオピア）のスパートには対応できなかったものの、30分56秒70の世界選手権日本人最速&自己ベストで5位入賞を勝ち取っている。

女子マラソン7位入賞の価値とは？

惨敗した男子マラソンと違い、女子マラソンは一定の成果を残したといえる。伊《い》藤舞《とうまい》（大塚製薬《おおつか》）が2時間29分48秒で7位に入ったからだ。伊藤は入賞したことで、来年リオ五輪の代表キップを手にした。しかし、筆者はこの結果にモヤモヤしている。

まず今回の日本勢で最も期待されていたのは、名古屋ウィメンズマラソンで2時間22分48秒をマークした前田彩里《まえださいり》（ダイハツ）だったことを思い出してほしい。伊藤は同じレースを走って、2時間24分42秒。自己ベストをマークしながら、約2分という大差をつけられている。

前田の実力を考えると、上位入賞やメダルの期待もあったと思う。しかし、トレーニング段階で故障もあり、直前にお腹《なか》を下して、期待のホープは北京で完全燃焼することはできなかった。北京では前田が2時間31分46秒で13位、重友梨佐《しげともりさ》（天満屋）も2時間32分37秒で14位に終わっている。

伊藤は84年生まれの31歳。年齢的に考えても、オリンピックはリオ五輪が最大のチャンスとなる。伊藤としては〝戦略勝ち〟だった。優勝やメダルではなく、「入賞」狙《ねら》いのレースで、思惑《おもわく》通りの〝果実〟を手にすることができたからだ。しかし、この戦略では、「メダル」を獲得することはできないだろう。

ケニアやエチオピアのアフリカ勢は「金メダル」でなければ評価はされない。せめて「メダル」というのが選手たちの目標となる。そこを目指してレースを進めるわけで、メダル獲得が難しくなってくると選手たちは急激にモチベーションをダウンさせる。その理由は「マネー」も絡《から》んでくる。

世界選手権には賞金が定められており、優勝すると6万ドル（1ドル120円計算で720万円）、2位は3万ドル、3位は2万ドルで、8位（4000ドル）まで賞金が出る。が、大会主催者側（IAAF）から出場料が支払われるわけではない。プロのランナーたちは、中途半端《ちゅうとはんぱ》なキャリアよりも、お金を基準に自分の力を発揮すべき場所を選んでいるからだ。

もっと稼《かせ》げるレースで勝負するために、手を抜くこともある。その最たる例が、日本企業《きぎょう》のコニカ（現・コニカミノルタ）にも所属していたことがあるコスマス・デティ（ケニア）だろう。世界選手権には2度（93年と97年）出場しているが、いずれも途中棄権《きけん》している。しかし、ボストンマラソンでは3連覇《れんぱ》（93〜95年）を達成。出場料と賞金の両方をゲットできるビッグレースを最大のターゲットとして、選手生活を考えていたと予想できる。

デティは3連覇の後、3位（96年）、27位（97年）、途中棄権（98年）と尻《しり》すぼみに終わっているが、ボストンマラソンと高額ギャラで複数年契約《けいやく》を結んでいたため、世界選手権で入賞するよりも、遥《はる》かに大きな金額を稼いだことになる。

賞金や出場料で稼ぐプロランナーにとっては、世界選手権はさほど魅力的な舞台とはいえないのだ。その一方で、日本人選手にとって今回の北京は非常に〝おいしい〟レースだった。「入賞」でも高く評価されるだけでなく、「入賞して日本人トップ」でリオ五輪の代表が内定するからだ。

伊藤は「入賞狙い」という他のマラソン強豪国《きょうごうこく》ではやらない〝戦術〟で、素晴らしい成果を得た。実力をしっかりと発揮したし、日本に明るい話題を提供した。そこは、きちんと評価したい。だが、31歳の伊藤が1年後のリオ五輪で大きく進化した姿を見せることは想像できない。伊藤はメダルを狙える選手なのか。

伊藤がダメというのではなく、日本陸連の「リオ五輪代表の選考基準」が甘《あま》かったと断言できる。リオ五輪の目標が「入賞」なら、伊藤にもチャンスはあるだろう。しかし、伊藤の実力ではメダルを狙うのは難しい。

メダルを目指すなら、モスクワ世界選手権で銅メダルを獲得した福士加代子《ふくしかよこ》（ワコール）、同4位の木﨑良子《きざきりょうこ》（ダイハツ）、北京では失速したが、24歳の前田彩里の方が期待値は大きい。リオ五輪の代表枠《わく》は「3」。日本の女子マラソンは、微妙な選手で貴重な1枠を使ってしまったことになる。

男女５０００ｍで見えた明るい未来

男子５０００ｍには大迫傑《おおさこすぐる》（ＮｉｋｅＯＲＰＪＴ）と村山紘太《むらやまこうた》（旭化成）が出場した。大迫はスローペースとなった予選1組で13分45秒82の7着。村山はハイペースになった予選2組で14分07秒11の17着。ともに予選で敗退したが、実に惜《お》しいレースだった。

勝負の世界で「たら・れば」は通用しないが、ふたりの組が逆だったら、おもしろかった。村山は日本選手権で大迫をラスト勝負で下すなど、終盤のスピードが持ち味の選手。村山が1組でラストまで集団に食らいつくことができていれば、大迫以上のキレを見せた可能性もある。大迫は7月に5000mで13分08秒40の日本記録を樹立しており、ハイペースになった2組の方が実力を発揮できただろう。

女子5000mは尾西美咲《おにしみさき》（積水化学）、鈴木亜由子《すずきあゆこ》（日本郵政グループ）、鷲見《すみ》梓沙《あずさ》（ユニバーサルエンターテインメント）の3人が出場。尾西と鈴木がプラスで決勝に進出した。そして、決勝では鈴木が15分08秒29（日本歴代5位）の自己ベストで9位に食い込んだのだ（尾西は15分29秒63の14位）。

あと1歩で入賞を逃《のが》したとはいえ、世界大会の決勝という舞台で自己ベストを6秒も更新《こうしん》したことが純粋《じゅんすい》に素晴らしい。女子5000mは1万mと同じように、スタートから尾西が引っ張り、鈴木も前に出た。ふたりで協力して、ペースを一定に保った。トップ集団を10人に減らして、2000mを6分06秒で通過。ここからアフリカ勢が一気に前に出て、本当の勝負が始まった。尾西は後退するも、鈴木は集団後方で粘り、最後まで入賞争いを続けた。8位との差はわずか0・29秒だった。

ラスト1000mは2分57秒44という高速ラップで、23歳の鈴木は〝明るい未来〟を示したといえるだろう。世界選手権は前回覇者に「ワイルドカード」が与えられるため、ケニア勢が4人出場して、全員が入賞している。オリンピックは各国の代表は最大3名。鈴木の年齢などを考えても、リオ五輪では十分に入賞が期待できるだろう。

日本は中国を超えられるのか？

北京世界選手権で日本陸連が定めた目標は「メダル2、入賞6」というもの。実際はどうだったかというと、「メダル1、入賞2」。誰の目からみても「惨敗」と言わざるをえないだろう。日本とは対照的に地元・中国が大躍進《やくしん》を果たしている。

蘇炳添《そへいてん》が男子100m準決勝で9秒99をマークして、アジア勢として初めてファイナルに進出。日本のお家芸である男子4×100mリレーではなんと銀メダルを獲得した（日本は予選落ち）。メダル獲得数はケニア、ジャマイカ、アメリカに次いで世界4番目の9個をゲットしているのだ。

中国は自国開催だった2008年北京五輪で、今回の日本のように〝惨敗〟している。メダルは2つ（女子マラソンと女子ハンマー投げで3位）で、日本が銅メダルをさらった男子4×100mリレーは決勝で失格。オリンピック連覇を期待されていた男子110mハードルの劉翔《りゅうしょう》は右アキレス腱《けん》を痛めていた影響で、1次予選で棄権した。

中国は北京五輪での反省を生かして、地元で開催される世界陸上に向けて強化プロジェクトを推し進めてきた。IMGアカデミーの米国人コーチとリレーチームが契約するなど、プロフェッショナルな外国人コーチを招聘《しょうへい》。7年間でこれだけの進化を遂《と》げることに成功したが、日本はどうだろうか？　2020年、自国で迎えるオリンピックまで、すでに5年を切っている。残された時間は多くない。

TBSが放映した『世界陸上北京』はまずまずの視聴率《しちょうりつ》だった。大会最終日（8月30日）の女子マラソンは平均19・9％で、伊藤舞（大塚製薬）が7番目で競技場に入ってくるシーンは、瞬間最高視聴率となる24・5％をマークしている。

マラソン勢の活躍は、東京オリンピックの〝成功〟を左右するほど、大きな使命を持っていると思う。国立競技場に集まった大観衆を沸《わ》かすランナーは現れるのか。

第2章

日本はかつて「マラソン王国」だった

東京五輪で銅メダル、円谷幸吉が遺したもの

マラソンは現在でも日本で人気のある種目だ。その理由には、日本がかつて「マラソン王国」だったことも影響《えいきょう》していると思う。そのなか、日本のマラソン界を語る上で、絶対に欠かせない男がいる。1964年、日本中を熱狂《ねっきょう》の渦《うず》に巻き込《こ》んだ東京五輪で、男子マラソンの銅メダルを獲得《かくとく》した円谷幸吉《つぶらやこうきち》だ。これは同大会において日本が陸上競技で獲得した唯一《ゆいいつ》のメダルであり、日本陸上界において戦後初の快挙だった。さらに男子1万m（6位）と合わせて2種目入賞を果たした円谷は、「日本陸上界を救った」と言われるほどの評価を得た。

円谷は4年後のメキシコ五輪で銀メダルを獲得する同学年の君原健二《きみはらけんじ》らとともに、日本マラソン界の〝第1次黄金時代〟を築いた。両雄《りょうゆう》がもたらしたオリンピックの興奮は、大きなムーブメントを起こしている。円谷と君原の後に宗《そう》兄弟（茂《しげる》、猛《たけし》）が台頭して、その後も瀬古利彦《せことしひこ》、中山竹通《なかやまたけゆき》、谷口浩美《たにぐちひろみ》と世界トップで活躍するランナーたちが次々と現れた。

若くして命を絶ってしまう円谷だが、日本人初のメダリストとなった男の〝存在〟は、マラソンを志す者たちのなかでいつまでも輝《かがや》いている。

円谷は1940年、福島県岩瀬《いわせ》郡須賀川《すかがわ》町（現・須賀川市）で生まれ育つ。地元の高校を卒業後、1959年に陸上自衛隊へ入隊。郡山駐屯地《こおりやまちゅうとんち》に配属となった後、同僚《どうりょう》とふたりで陸上部を立ち上げた。次第に自衛隊の管区対抗《たいこう》駅伝や青森東京駅伝などに出場するようになるが、オーバーワークにより腰椎《ようつい》のカリエスを持病として抱《かか》えるようになる。

1962年、東京五輪に向けて発足した自衛隊体育学校に入校すると、才能をグイグイ伸《の》ばした。10月の日本選手権5000mで日本歴代2位の好タイムを残して、日本陸連から五輪強化指定選手に選ばれた。翌年8月、1時間走で2万mの世界記録を上回る59分51秒4をマーク。10月には5000mで3度目の日本記録更新《こうしん》となる14分08秒8を樹立した。1万mでも好記録を叩《たた》き出して、同種目で東京五輪代表に選ばれた。この時点で円谷はマラソンを経験していない。

1964年3月、中日マラソンで初挑戦《ちょうせん》して2時間23分31秒の5位に入った。

そのわずか3週間後、五輪最終選考会となる毎日マラソン（現在のびわ湖毎日マラソンだが、この年は東京五輪本番と同じコースで実施）で君原に次ぐ2位（2時間18分20秒）に食い込み、マラソンでも日本代表に選ばれた。

東京五輪では、初日に行われた男子1万mで6位に入賞。これは日本男子の陸上トラック種目において、戦後初の入賞だった。最終日を飾《かざ》る男子マラソンは、君原と自己ベスト（前年に世界最高タイム）が一番良かった寺沢徹《てらさわとおる》のふたりがメダル候補で、円谷はあまり注目されていなかった。

しかし本番では、君原と寺沢が入賞（当時は6位まで）争いから脱落《だつらく》していくなか、円谷だけは健闘《けんとう》を続けた。2番目に国立競技場に帰ってくると、トラックでベイジル・ヒートリー（英国）に抜《ぬ》かれて3位でゴールした。「男は後ろを振《ふ》り向いてはいけない」という父親の戒《いまし》めを愚直《ぐちょく》に守り抜いたことで、最後の駆《か》け引きができなかったというエピソードは有名だ。

2時間16分28秒の生涯《しょうがい》ベストで銅メダルを獲得した円谷は、国立競技場に日の丸を掲《かか》げ、国民的ヒーローになった。次なる目標を「メキシコシティ五輪の金メダル」と宣言したことで、国民の期待は大きく膨《ふく》らんだ。

華《はな》やかな人生となるはずだった円谷だが、東京五輪後は様々な不運に見舞《みま》われた。所属する自衛隊体育学校が特別待遇《たいぐう》を見直す方針を打ち出すと、「次のオリンピックの方が大切」と当時婚約《こんやく》していた女性とも破談になってしまう。東京五輪で８位に終わった後、結婚を機に復活したライバル・君原とはあまりにも対照的だった。

そのなかでオーバーワークを重ね、持病の腰痛《ようつう》が悪化。椎間板《ついかんばん》ヘルニアを発症《はっしょう》した。手術を受けるも、かつてのような走りはできなくなった。そしてメキシコシティ五輪が開催《かいさい》される１９６８年、年明け間もない1月9日に円谷は宿舎の自室にて自ら命を絶った。27歳《さい》という若さだった。

遺書には家族やお世話になった人たちへの感謝の言葉を綴《つづ》っており、特に結びの一文は当時の世間に大きな衝撃《しょうげき》と涙《なみだ》を誘《さそ》っている。以下原文ママ。

「（途中省略）
父上様母上様　幸吉は、もうすっかり疲《つか》れ切ってしまって走れません。

何卒《なにとぞ》お許し下さい。

気が休まる事なく御苦《ご》労、御心配をお掛《か》け致《いた》し申し訳ありません。

幸吉は父母上様の側《そば》で暮しとうございました」

円谷の死は日本のスポーツ史で最大級の悲劇となった。日本オリンピック委員会や一部競技統括《とうかつ》団体では、アスリートに対するメンタルサポートやメンタルヘルスケアが実施《じっし》されるようになったが、これは円谷の事件が契機《けいき》となった部分もあるだろう。

その後、奇《く》しくも円谷と同学年のふたりが快挙を達成することになる。君原健二と重松森雄《しげまつもりお》だ。

円谷の最大のライバルで、唯一無二の親友でもあった君原は東京、メキシコシティ、ミュンヘンと3大会連続でオリンピックに出場。メキシコシティ大会では円谷の「銅」を上回る銀メダルを獲得した。

このときゴール直前で後ろを振り向き、3位だったマイケル・ライアン（ニュージーランド）が迫《せま》っていたのに気づいて逃《に》げ切った。普段《ふだん》は後ろを振り返ることのない君原だったが、「円谷君の『陰《かげ》の声』が振り返らせたのかもしれません」とこの時のことを後に語っている。

君原は31歳で迎えたミュンヘン五輪でも好走して、日本人トップの5位入賞を果たす。戦後の五輪男子マラソンで2大会連続入賞は君原のほか中山竹通だけで、現在のシステム（入賞は8位以内）であれば、3大会連続入賞に相当する偉業《いぎょう》だった。

もうひとりの快挙達成者は、50年前に男子マラソンの世界記録を樹立した重松森雄だ。重松は東京五輪の代表を逃《のが》したが、翌年の1965年6月、ロンドン郊外《こうがい》で行われたポリテクニック・ハリアーズ・マラソンで、アベベ・ビキラ（エチオピア）が東京五輪でマークした記録を破る2時間12分00秒の世界最高記録を打ち立てたのだ。

今年3月に20km競歩で鈴木雄介《すずきゆうすけ》（富士通）が世界記録を樹立するまで、重松は長らく日本陸上界男子における最後の世界記録樹立者だった。

オリンピックに嫌われた〝世界最強ランナー〟

円谷、君原、重森らの〝時代〟が終焉《しゅうえん》すると、1970年代後半から1980年代にかけて「第2次男子マラソン黄金時代」が到来《とうらい》する。その中心に君臨したのが瀬古利彦だ。

瀬古は高校時代からエリート街道を突《つ》っ走ってきた。インターハイでは2年連続で800m・1500mの中距離《きょり》二冠《かん》を達成。一浪《ろう》して名門・早稲田《わせだ》大学へ入学すると、4年連続で箱根駅伝の2区を走り、3・4年時には区間新記録を樹立している。

大学在学中は駅伝だけでなく、マラソンにも積極的に参戦。1年時の2月に京都で初マラソンを経験すると、2年生で迎《むか》えた12月の福岡国際で日本人最高順位となる5位に食い込み、若きエースと期待された。

1978年(大学3年時)の福岡国際でマラソン初優勝。2時間10分21秒というタイムは当時世界歴代10位という好タイムだった。翌年の福岡国際は、モスクワ五輪の選考レースで、前回大会を制している瀬古と、すでに日本の男子マラソン界の頂点に立っていた宗兄弟（茂、猛）の争いになった。

３人がゴールの平和台陸上競技場までデッドヒートを演じたのは語り草で、最後の直線で瀬古がふたりをかわして連覇《れんぱ》を達成。兄の茂が2位、弟の猛が3位となり、福岡での上位３人が日本代表に選ばれた。しかし、日本がモスクワ五輪への出場をボイコットしたため、瀬古がモスクワの街を駆け抜けることはなかった。

早稲田大学を卒業した瀬古は、師匠《ししょう》・中村清監督《なかむらきよしかんとく》とともにエスビー食品に入社。オリンピックの金メダルを本気で目指すことになるが、現在でもモスクワ五輪に瀬古が出場していれば金メダルを獲得できたのではという声は多い。

当時24歳で瀬古には勢いがあったし、モスクワ五輪後の福岡国際（１９８０年）では、金メダルを獲得したワルデマール・チェルピンスキー（当時・東ドイツ）との直接対決を制しているからだ。瀬古は2時間9分45秒（当時世界歴代8位）の自己ベストで3連覇を達成。当時の福岡には世界中から強豪《きょうごう》が集結しており、そのなかで勝ち続けてきたことは「強さ」の証明でもあった。

瀬古はその後もマラソンで連勝を重ね、1983年の東京国際で当時世界歴代3位の2時間8分38秒をマーク。しかし、翌年のロサンゼルス五輪では金メダルを有望視されながら、14位と惨敗《ざんぱい》した。4年後のソウル五輪も9位に終わり、オリンピックの舞台《ぶたい》では輝くことができなかった。

それでも、瀬古は1979年12月の福岡国際から、引退レースとなった1988年のソウル五輪まで11レースを走り、負けたのはオリンピックの2回だけ。当時〝世界最強のマラソンランナー〟だったと言っていいだろう。

それを証明するレースとして、1987年のボストンが挙げられる。このレースには前年優勝者で2時間7分51秒の大会記録保持者であるロバート・ド・キャステラ（豪州）、世界歴代2位の2時間7分13秒を持つスティーブ・ジョーンズ（英国）、ロサンゼルス五輪銀メダリストのジョン・トレーシー（アイルランド）、同五輪6位で瀬古と何度も激闘を繰《く》り広げたジュマ・イカンガー（タンザニア）らが参戦。「世界一決定レース」と謳《うた》われた豪華なレースを瀬古が制したのだ。元世界記録保持者のジョーンズは、「瀬古はグレート。世界ナンバーワンだ」という言葉を残している。

数々の伝説を残している瀬古だが、一番悔《く》やまれるのは、モスクワ五輪のボイコットだ。金メダルを獲得できなかったとしても、オリンピックという舞台で夏マラソンを経験することが、４年後のロサンゼルス五輪に生きたはずだからだ。ロサンゼルス五輪のときは、「暑さ対策」として、暑い東京でトレーニングを積み、体調を崩《くず》した。現在の夏マラソンとは真逆のアプローチで失敗している。そう考えると、瀬古は〝オリンピックに嫌《きら》われた男〟ともいえるかもしれない。

超一流のライバルたちがしのぎを削った時代

瀬古の他にも、この時代は世界に通用する日本人選手が多数存在した。超一流のライバルたちがしのぎを削《けず》り、日本のマラソン界のレベルを引き上げた。１９６５年に重松森雄が世界記録を樹立して以来、「第２次男子マラソン黄金時代」は、世界との差が最も小さかった時代でもある。

一時は世界記録と日本記録に2分半以上の大差がついた（※1969年当時の世界記録はデレク・クレイトンの2時間8分33秒、日本記録は佐々木精一郎《ささきせいいちろう》の2時間11分17秒）。ところが1978年の別府大分《べっぷ》で宗茂が当時世界歴代2位の2時間9分05秒をマークして、世界記録に32秒差まで迫ったのだ。

その後も世界記録と日本記録の差はほぼ並行のまま塗《ぬ》り替えられ、10年後の1988年時点でも、世界記録2時間6分50秒（ベライン・デンシモ）に対して日本記録はわずか45秒差の2時間7分35秒（児玉泰介《こだまたいすけ》）だった。

この間、日本はオリンピックや世界選手権のマラソンでメダルを獲得することはできなかったが、その他のメジャーレースでは、世界のトップ選手と互角《ごかく》の勝負を繰り広げていた。この時代の先駆けとなったのが、宗兄弟（茂、猛）だ。

宗兄弟は高校卒業後、旭化成《あさひかせい》に入社。1973年3月の延岡《のべおか》西日本で初マラソンを走り、いきなりワン・ツーを占めた（1位茂、2位猛）。1976年、同年に行われるモントリオール五輪の選考レースとなった4月の毎日マラソンで茂が3位に入り、五輪代表に選出される（猛は38位で落選）。

モントリオール五輪では20位と振るわなかったものの、茂はモスクワ、ロサンゼルスと3大会連続で代表を勝ち取り、猛もモスクワ、ロサンゼルスの代表に選出されている。

ちなみに宗兄弟はマラソンで22回も同じレースに出場して、兄弟ワン・ツーを4回達成（4回とも茂の勝利）。兄弟対決では茂が12勝、猛が10勝と兄がわずかに上回っている。ただ、世界大会では弟・猛がロサンゼルス五輪で4位入賞を果たしている。

1970年代後半には瀬古利彦がマラソンに参戦し、1980年代前半まで宗兄弟と合わせて〝日本男子マラソン界のビッグ3〟として君臨。この3人はモスクワ、ロサンゼルスと2大会連続で代表に選出されている。

そして、ロサンゼルス五輪の後に、あの中山竹通が台頭してくる。

180㎝という長身の中山は、1984年の福岡国際で初優勝（2時間10分00秒）を飾ると、翌年4月に行われたワールドカップ広島大会で銀メダルを獲得。当時の日本最高記録＆世界歴代3位となる2時間8分15秒をマークしている。この記録は1997年12月の福岡国際で早田俊幸《はやたとしゆき》に破られるまで国内日本人最高記録だった。

中山は1986年にソウルで行われたアジア大会で、谷口浩美を振り切り独走。2時間8分21秒で圧勝した。この記録は30年近く経《た》った今も、大会記録として残っている。さらに1987年には1万mで瀬古の日本記録を塗り替える27分35秒33をマーク。高岡寿成《たかおかとしなり》に破られるまで14年間もスピードランナーたちの目標となった。

この頃《ころ》から前述の〝ビッグ3〟に陰《かげ》りが見え始め、世代交代を迎えようとしていた。

当時のマラソンはペースメーカーがいなかったものの、中山は序盤《じょばん》からハイペースで飛ばしていくスタイルだった。特にソウル五輪の選考レースだった1987年の福岡国際での激走はマラソンファンの間で伝説となっている。「一発選考」でという流れのなかで、瀬古が欠場して、物議を醸《かも》した大会だ。

この日は雪交じりの雨が降り注ぐという厳しいコンディションだったが、中山はひとりで突っ走った。20㎞を59分台で通過して、35㎞地点まで当時の世界記録を49

秒も上回るタイムを刻んだのだ。終盤は大きくペースダウンしたものの、後続に2分以上の大差をつけて、2時間8分18秒で優勝。「中山竹通」を象徴《しょうちょう》するような熱いレースを見せた。

中山はソウル五輪とバルセロナ五輪で4位に入り、2大会連続入賞という快挙を達成したが、「メダル」にはあと1歩届かなかった。

宗猛、瀬古、中山ら当時マラソンで結果を出している選手は1万m27分台の記録を持つスピードランナーが多かった。そのなか、粘《ねば》り強さで世界の頂点に立った男がいる。1991年の東京世界選手権で金メダルを獲得した谷口浩美だ。

谷口は1985年の初マラソンから6戦3勝と結果を残していたが、ソウル五輪の選考会では福岡で中山のハイペースに途中まで食らいつき自滅《じめつ》している。

一躍脚光《いちやくきゃっこう》を浴びたのは1988年の北京国際マラソンだ。当時世界歴代7位となる2時間7分40秒の記録を叩き出し、中山とともに次世代のエースとして期待を集めた。

その後も国内外のマラソン大会で3連勝を飾り、東京世界選手権の代表に選ばれる。本番では気温30度を超《こ》す真夏日のなか、38㎞過ぎにスパートして抜け出し、そのまま歓喜《かんき》のゴールに飛び込んだ。日本人として世界選手権初の金メダルだった。現在でも世界選手権で金メダルを獲得した日本人男子選手は谷口とハンマー投げの室伏広治《むろふしこうじ》だけである。

谷口は夏のレースに強く、翌年のバルセロナ五輪でも20㎞過ぎの給水地点でシューズが脱げるアクシデントで30秒あまりタイムロスしながらも、8位入賞を果たしている。苦笑いを浮かべながら「コケちゃいました」と話すシーンは有名だ。

谷口は36歳で迎えた1996年のアトランタ五輪でも代表に選出され、日本選手団主将を任された。日本人トップでゴールしたものの、入賞争いには絡《から》めず19位に終わった。

男子マラソンにやってきた〝空白時代〟

1996年のアトランタ五輪は、36歳の谷口浩美が「エース」という状況で勝負するのは厳しかった。当時の日本歴代記録を見てみると、①２時間７分35秒（児玉泰介）、②２時間７分40秒（谷口浩美）、③２時間７分57秒（伊藤国光《いとうくにみつ》）、④２時間８分15秒（中山竹通）、⑤２時間８分27秒（瀬古利彦）と１９８０年代後半にマークした記録がトップ５を占めており、次世代のエースが現れなかったのだ。

その理由としては、森下広一《もりしたこういち》の戦線離脱《りだつ》が大きい。森下は旭化成で宗兄弟の教え子であり、谷口の後輩《こうはい》にあたる。谷口がコケながらも８位入賞したバルセロナ五輪では、銀メダルに輝いている。当時24歳で、年齢的には４年後のアトランタ五輪はもちろん、８年後のシドニー五輪でも期待されていた選手だ。

森下は１９９０年のアジア大会１万ｍで金メダル、翌年の東京世界選手権でも１万ｍで決勝に進出するなど、トラックのスピードもあり、新世紀のマラソンに求められるような才能を持っていた。しかも勝負強かった。

初マラソンは１９９１年の別府大分で、中山竹通と一騎《いっき》打ちを演じて、最後は振り切って優勝。２時間８分53秒の初マラソン日本最高記録（当時）を樹立した。翌年の東京国際でも中山を抑《おさ》えて勝ち切り、バルセロナ五輪代表に選出される。オリンピックまでのマラソン経験2回は、戦後の日本男子マラソン代表では史上最短の数字だった。

バルセロナ五輪では黄永祚《ファンヨンジョ》（韓国）とのマッチレースとなり、終盤突き放されるも銀メダルを獲得。オリンピックでのメダルはメキシコシティ大会の君原健二以来24年ぶりの快挙だった。この大会では中山が4位、谷口が8位に食い込み、日本人選手全員が「入賞」を果たしている。

森下がどこまで記録を伸ばすのか。日本陸上界は熱い期待を寄せたが、その後はケガに悩《なや》まされ、二度とマラソンを走ることはなかった。マラソン成績は3戦2勝。唯一負けたのは、オリンピックの金メダリストだけという驚異《きょうい》的な数字を残した。

バルセロナ五輪の後、日本男子マラソンは長らく低迷《ていめい》期を迎えることになる。世界ではアフリカ勢を中心に高速化が進み、日本は大きく取り残されてしまった（詳《くわ》しくは3章で説明）。その間、世界との差を大きく縮めたのが女子マラソンだ。男子とは対照的に、『マラソン王国』としての土台を築いていった。

増田明美が扉を開き、有森裕子らが世界で活躍した女子マラソン

女子マラソンの歴史は、男子に比べて非常に浅い。そもそも女子選手によるマラソンは「生理的に困難」と広く信じられており、オリンピック種目に女子マラソンはなかった。それどころか、女子マラソンの大会も開催されていなかったのだ。

1972年にようやく女子によるマラソン参加が認められると、ひとりの小柄《こがら》な日本人ランナーが女子マラソンの常識を覆《くつがえ》していく。1974年のボストンを2時間47分11秒というコースレコードで優勝したゴーマン美智子《みちこ》だ。ランニング歴わずか5年の38歳は、体重40kgの軽量ボディーで、その後も次々と記録を更新した。

ゴーマン美智子の活躍もあり、「女性にとってマラソンは克服《こくふく》できない距離ではない」と国際的にも認められ、世界で初めて女子単独のマラソン大会が開催されることになる。これが1979年の第1回東京国際女子マラソンだ。

オリンピックでは1984年のロサンゼルス大会から正式に採用される。日本からは佐々木七恵《ささきななえ》と増田明美《ますだあけみ》が出場した。当時20歳だった増田は、日本女子長距離界

のパイオニア的存在で、成田高3年生の時にはトラックの3000m・5000m・1万m、ロードの10㎞・20㎞で日本記録を塗り替えている。身長が150㎝ほどの高校生が、大人の選手たちを圧倒する姿はメディアにも注目された。

増田の初マラソンは地元・千葉県の小さな大会だったが、増田はそこで2時間36分34秒の日本最高記録を樹立。その後も当時のジュニア世界記録&世界歴代8位の2時間30分30秒をマークするなど順調に記録を伸ばすも、ロサンゼルス五輪前の合宿で体調を崩して、本番では途中棄権《きけん》となった。増田は1992年に現役を引退。ピークは早く短いものだったが、日本女子マラソン界の扉《とびら》を開く役割を担《にな》ったといえるだろう。

1990年代に入ると、日本女子マラソン界は一段と急成長する。先陣《せんじん》を切ったのは、増田と同じ1964年生まれの山下佐知子《やましたさちこ》と、1990年に当時初マラソン日本最高記録(2時間32分51秒)をマークした有森裕子《ありもりゆうこ》だ。

1991年の東京世界選手権で山下が銀メダルを獲得すると、有森が4位入賞。翌年のバルセロナ五輪では順位が逆になり、有森が銀メダル、山下が4位入賞と世界大会における日本女子マラソンの地位を確立した。有森は、陸上競技において1928年アムステルダム五輪の人見絹枝《ひとみきぬえ》（800m）以来64年ぶりとなる女子選手のメダル獲得だった。

名伯楽《はくらく》・小出義雄《こいでよしお》監督のもとで力をつけた有森は、ケガやスランプを乗り越《こ》えて、1995年の北海道マラソンで復活V。翌年のアトランタ五輪代表をつかむと、銅メダルを胸に輝かせた。2大会連続でメダルを獲得した有森が、ゴール後のインタビューで涙ながらに語った「自分で自分をほめたいです」という言葉は、その年の流行語大賞にも選ばれている。

山下と有森がつかんだ世界大会のメダルは、他の日本人選手に大きな希望を与《あた》えた。最初に世界の頂点に立ったのは、1993年のシュツットガルト世界選手権大会で優勝した浅利純子《あさりじゅんこ》だ。浅利は同年1月の大阪国際女子マラソンを、当時日本最高記録タイの2時間26分10秒で制すと、その勢いで本番でも圧倒的な強さを発揮した。シュツットガルト大会では、安部友恵《あべともえ》も3位に入り、日本勢が金と銅のメダルを獲得している。

さらに日本女子マラソンの勢いは加速していく。1995年のイエテボリ世界選手権で1万m8位入賞を果たした鈴木博美《すずきひろみ》が、2年後のアテネ世界選手権で、今度はマラソンで金メダルをさらったのだ。ちなみに鈴木と同じ1968年生まれには松野明美《まつのあけみ》、真木和《まきいずみ》、弘山晴美《ひろやまはるみ》がおり、4人ともトラックとマラソンの両方で世界大会に出場している。

高橋尚子と野口みずきが獲得した金メダル

鈴木博美が1997年のアテネ世界選手権で金メダルに輝いて以来、セビリア（市橋有里《いちはしあり》）、エドモントン（土佐礼子《とされいこ》）、パリ（野口《のぐち》みずき）と日本の女子マラソンは2年に一度開催される世界選手権で4大会連続のメダルを獲得した。そして、その間に〝待望の瞬間《しゅんかん》〟も訪れている。

2000年シドニー五輪で高橋尚子《たかはしなおこ》が金メダルをゲットしたのだ。

高橋は小出義雄監督率いるリクルートに入社後、有森裕子、鈴木博美、志水見千《しみずみち》子《こ》、五十嵐美紀《いがらしみき》ら日本トップレベルの選手とともに実力を磨いていった。

1997年には小出とともに積水化学へ移籍《いせき》し、同年8月の世界選手権アテネ大会の女子5000mに出場。決勝に進出し、13位と健闘した。

マラソンでの才能が開花したのは翌1998年だ。3月の名古屋国際を2時間25分48秒の日本最高記録（当時）で制すと、同年12月のバンコクアジア大会で驚異的な走りを見せる。スタート直後からひとり飛び出した高橋は、中間点を1時間9分15秒という超ハイペースで通過。30kmの通過も世界記録を上回ったが、気温30度を超える悪条件もあり、終盤はペースダウン。それでも2時間21分47秒のアジア最高記録（当時）で優勝して、シドニー五輪のV候補として、世界から注目を浴びるようになった。

翌年のセビリア世界選手権は直前に左膝《ひざ》を痛めて欠場するも、2000年3月の名古屋国際で復活。2時間22分19秒の大会新で制して、シドニー五輪の代表権をつかんだ。

ちなみにこのシドニー五輪の選考会は、非常にハイレベルで、前年のセビリア世界選手権で銀メダルを獲得した市橋有里が代表に内定しており、残りは2枠。名古屋Vの高橋、東京国際を2時間22分12秒で制した山口衛里《やまぐちえり》、大阪国際女子で日本人トップ（2時間22分56秒で2位）の弘山晴美が争い、高橋と山口が代表に選ばれた。2時間22分台で落選したケースはその後もなく、当時のレベルがいかに高かったのかを物語っている。

高橋はシドニー五輪を2時間23分14秒のオリンピックレコードで突っ走り、日本陸上界では戦後初の金メダリストに輝いた。この快挙で「国民栄誉《えいよ》賞」を受賞した高橋は、〝Qちゃん〟という愛称《あいしょう》とともに日本国民のヒロインになった。

その後もQちゃんは快走を見せる。翌年9月のベルリンで、女子選手として初めて2時間20分突破となる2時間19分46秒の世界新記録を樹立。オリンピック金メダルと世界記録というWタイトルを手にした。

しかし、栄光は長く続かなかった。世界記録を樹立した1週間後のシカゴでキャサリン・ヌデレバ（ケニア）が2時間18分47秒をマーク。高橋は「世界記録保持者」の称号を失ったのだ。そして、２００３年の東京国際で6年10ケ月ぶりに敗戦。

日本人トップでゴールしたが、2時間27分台とタイムも良くなかったため、アテネ五輪代表から落選した。

高橋が苦戦するなか、もうひとりの〝最強ランナー〟が現れる。ハーフマラソンで活躍していたことから「ハーフの女王」と呼ばれていた野口みずきだ。

野口は2002年3月の名古屋国際で初マラソン初優勝を飾ると、翌年1月の大阪国際女子で2時間21分18秒の当時日本歴代2位の好タイムで優勝。8月のパリ世界選手権では19秒差で優勝を逃したものの、銀メダルを獲得してアテネ五輪の内定を手にした。

ちなみに2003年前後の日本は、女子マラソンのレベルがピークに達していたといえる。野口だけでなく、千葉真子《ちばまさこ》、坂本直子《さかもとなおこ》が2時間21分台をマーク。3人はパリ世界選手権で2～4位を占めた。他にも土佐礼子、小崎《おざき》まり、大南敬美《おおみなみたかみ》・博《ひろ》美《み》ら2時間24分を切る選手がいた。

その中でも野口の実力は群を抜いていた。2004年のアテネ五輪ではシドニーの高橋に続いて金メダルを獲得。前年の世界選手権と同じくキャサリン・ヌデレバ

（ケニア）との一騎打ちとなったが、このときは12秒差で野口が逃げ切っている。
この年9月のベルリンで、渋井陽子《しぶいようこ》が高橋の持つ日本記録を更新する2時間19分41秒をマークするも、野口は1年後の同大会でその記録を破ってみせた。当時世界歴代3位となる2時間19分12秒で日本記録・アジア記録を樹立したのだ。

長く世界トップレベルの活躍を見せてきた日本女子マラソンだが、ここから緩《ゆる》やかに〝下降線〟をたどっていく。野口が2005年に打ち立てた日本・アジア記録は、10年経った現在でもまだ破られていない。

第3章

マラソン高速化の波に取り残された日本

世界の高速化と伸び悩む日本勢

筆者は高校、大学と陸上部の長距離《きょり》選手として過ごしてきた。具体的にいうと、1992年4月〜1999年3月。その間、ほぼ変わらなかったのが男子マラソンの世界記録と日本記録だ。当時の学生ランナーには〝不変の数字〟として刻まれていた。

世界記録は2時間6分50秒。ベライン・デンシモ（エチオピア）が1988年のロッテルダムで樹立したタイムだ。日本記録は2時間7分35秒。こちらは児玉泰介《こだまたいすけ》（旭化成《あさひかせい》）が1986年に北京《ペキン》で快走したときの記録になる。

両レコードはともに10年以上も破られることはなかった（※詳細《しょうさい》は世界記録と日本記録の推移を参照）。しかし、あるとき記録の壁《かべ》が崩壊《ほうかい》すると、世界記録は何度も塗《ぬ》り替《か》えられた。一方、日本記録は1999年に犬伏孝行《いぬぶしたかゆき》が2時間6分57秒、翌年に藤田敦史《ふじたあつし》が2時間6分51秒、2002年に高岡寿成《たかおかとしなり》が2時間6分16秒と2000年前後に記録を引き上げたが、その後は完全にストップした。

【男子マラソン世界記録の推移】

88年　2時間6分50秒（ベライン・デンシモ）
98年　2時間6分05秒（ロナウド・ダ・コスタ）
99年　2時間5分42秒（ハーリド・ハヌーシ）
02年　2時間5分38秒（ハーリド・ハヌーシ）
03年　2時間4分55秒（ポール・テルガト）
07年　2時間4分26秒（ハイレ・ゲブレセラシェ）
08年　2時間3分59秒（ハイレ・ゲブレセラシェ）
11年　2時間3分38秒（パトリック・マカウ）
13年　2時間3分23秒（ウィルソン・キプサング）
14年　2時間2分57秒（デニス・キメット）

【男子マラソン日本記録の推移】

88年　2時間7分35秒（児玉泰介）
99年　2時間6分57秒（犬伏孝行）
00年　2時間6分51秒（藤田敦史）
02年　2時間6分16秒（高岡寿成）

世界記録は1998年にロナウド・ダ・コスタ（ブラジル）がデンシモの記録を10年ぶりに塗り替えると、1999年にハーリド・ハヌーシ（米国）が2時間5分台に突入《とつにゅう》した。実は、ここまではさほど驚《おどろ》かなかった。日本人でも十分に更新《こうしん》できるチャンスがあるタイムだからだ。しかし、ふたりの英雄《えいゆう》がマラソンに本格参戦したのを機に時代は一気に変わることになる。

まずはポール・テルガト（ケニア）が2003年に2時間5分の壁を突《つ》き破ると、今度はハイレ・ゲブレセラシェ（エチオピア）が2008年に2時間3分台まで記録を伸《の》ばしたのだ。

ふたりのマラソン挑戦《ちょうせん》と成功には正直、驚かされた。ともに長距離王国のスター選手で、ゲブレセラシェは1万m26分22秒75（世界歴代2位）、テルガトは同26分27秒85（世界歴代3位）のベストを持つ。ふたりはアトランタ五輪とシドニー五輪の1万m（両五輪はゲブレセラシェが1位、テルガトが2位）で見せたような圧倒《あっとう》的なスピードをマラソンに持ち込んだのだ。

1万mの日本記録が27分35秒09ということを考えると、スピードではまったく勝負にならない。マラソンの記録に関しては、〝絶望感〟しかなかった。

テルガトがマラソンに転向したのは31歳《さい》。ゲブレセラシェは28歳のときにロンドンで初マラソン（2時間6分35秒）を経験すると、3年後の2005年から本格的にマラソン参戦して、2時間5分切りを3度も達成している。

ふたりの怪物が衰《おとろ》えてきたことで、記録は停滞《ていたい》するかと思ったがそうはならなかった。2011年にパトリック・マカウ（ケニア）、2013年にウィルソン・キプサング（ケニア）が世界記録を更新。そして、昨年のベルリンでデニス・キメット（ケニア）が2時間2分57秒という日本人からすれば信じられない領域に足を踏《ふ》み入れたのだ。

男子マラソンは2000年を過ぎてから急激な進歩を遂《と》げている。その大きな理由は2つあると思っている。トラックで活躍《かつやく》したスピードランナーがマラソンに挑《いど》むようになったこと。それに付随《ふずい》するが、ケニアやエチオピアのアフリカ勢が、「マラソンはビジネスになる」とわかったことだ。

他にもメジャーレースでは、ペースメーカーが常用化されたことも大きい。高い出場料を払《はら》い有力選手をかき集めて、さらに順位やタイムによるボーナスも用意する。テルガト以降は、すべてベルリンで世界記録が誕生しており、2014年にキメットが2時間2分57秒の世界新で制したときには、優勝賞金や世界記録ボーナスで計12万ユーロ（当時のレートで約1660万円）を手にしている。

また、世界6大都市（ボストン、ロンドン、ベルリン、シカゴ、ニューヨークシティ、東京）のマラソン大会が連携《れんけい》して『アボット・ワールド・マラソンメジャーズ』を展開。それぞれの大会に賞金（東京は優勝で800万円）が用意されているだけでなく、世界6大会、オリンピック、世界選手権での成績をポイント化し、シリーズの優勝者は100万ドル、各シリーズのスコアリング期間において最もポイントを獲得《かくとく》した男女選手に各50万ドルが贈《おく》られる。

単独レースでは、ドバイマラソンは賞金の大きなレースとして有名で、優勝賞金は25万ドル。世界新記録ならプラスして100万ドル（1ドル120円計算だと1億2000万円）というビッグボーナスだ。

選手の名前が売れてくると、今度は出場料も破格になる。最近では、2012年のロンドン五輪で長距離2冠《かん》を達成したモハメド・ファラー（英国）がロンドンマラソンと2年契約《けいやく》（2013年は中間点まで、2014年はフル完走が条件）をかわしたと報道された。一説によると、約4500万円という金額で締結《ていけつ》したという。

マラソンの〝ゴールドラッシュ〟を掘《ほ》り当てるべく、近年は若いアフリカ勢の挑戦が増えている。マカウ、キプサング、キメットの3人はトラックランナーではなく、どちらかというとハーフなどロードで実績を積んで、マラソンに参戦してきた選手たちだ。トラックのタイムはないが、スピードは十分にある。キメットが世界記録を樹立したときは、30kmを日本最高記録（1時間28分00秒）より42秒も速い1時間27分18秒で通過。35kmまでの5kmを14分09秒というハイペースで突っ走っている。世界最速レースになると、日本勢は〝本当の勝負〟が始まる30㎞にもつけないのが現実だ。

28年前の記録を超えられない男子1万m

様々な理由でマラソンの高速化が進むなか、ニッポンの男子長距離は完全に世界から引き離《はな》されている。それが顕著《けんちょ》に表れているのが1万mの記録だろう。

1987年に中山竹通《なかやまたけゆき》が27分35秒33の日本記録（当時）を樹立してから、〝時計の針〟はほんの僅《わず》かしか進んでいない。

高岡寿成が日本記録を塗り替えたのは2001年。タイムは27分35秒09で、中山の記録を14年かけて0・24秒短縮しただけだった。佐藤悠基《さとうゆうき》（日清食品グループ）、大迫傑《おおさこすぐる》（NikeORPJT）、鎧坂哲哉《よろいざかてつや》（旭化成）が27分38秒台のタイムをマークしているが、28年前の〝記録〟を超《こ》えられずにいる。

中山が日本記録をマークした1987年当時の世界記録はフェルナンド・マメー

デ（ポルトガル）の27分13秒81で、その差は21秒52しかなかった。しかし、1993年にヨベス・オンディエキ（ケニア）が27分の壁をぶち壊《こわ》すと、毎年、世界記録が塗り替えられることになる。1998年には世界大会で無敵を誇った〝皇帝《こうてい》〟ハイレ・ゲブレセラシェ（エチオピア）が26分22秒75をマーク。その後、トラックの長距離種目は〝新皇帝〟の時代に突入した。現在の世界記録はケネニサ・ベケレ（エチオピア）が2005年に樹立した26分17秒53だ。

アトランタ五輪が開催された1996年度は27分台が高岡、花田勝彦《はなだかつひこ》、渡辺康幸《わたなべやすゆき》、平塚潤《ひらつかじゅん》の4人。8年後のアテネ五輪イヤー（2004年度）は27分台が大森輝和《おおもりてるかず》、大島健太《おおしまけんた》、細川道隆《ほそかわみちたか》、佐藤敦之《さとうあつし》、大野龍二《おおのりゅうじ》の5人に増えた。16年後のロンドン五輪イヤー（2012年度）は、宮脇千博《みやわきちひろ》、清水大輔《しみずだいすけ》、村澤明《むらさわあき》伸《のぶ》、長谷川裕介《はせがわゆうすけ》、宇賀地強《うがちつよし》、大迫傑、佐藤悠基、松岡佑起《まつおかゆうき》の8人が27分台をマークしている。上位の選手層は確実に厚くなっているが、「壁」を突き破る選手は現れなかった。

1万mの記録が良くなったからといって、必ずしもマラソンにもつながるわけではない。2000年以降、マラソンで2時間9分を切った選手は28人いるが、そのなかで1万m27分台は3人しかいないのだ（2000年以降、1万m27分台は40人もいる）。

かつてマラソン黄金期を支えた瀬古利彦《せことしひこ》、中山竹通、宗猛《そうたけし》、伊藤国光《いとうくにみつ》は1980年代に1万m27分台（宗猛は1978年）&マラソンの2時間9分切りを達成していることを考えると、不思議な現象だ。スピードのある選手がマラソンでは成功していないといえるだろう。

なぜこんな事態になったのか。ひとつはある選手の〝成功例〟が原因になっていると筆者は思っている。

高岡寿成の成功例を引きずって失敗

近年の長距離・マラソンで一番成功した選手は高岡寿成だろう。彼の経歴を簡単に振《ふ》り返ると、1992年、龍谷《りゅうこく》大学4年時に5000mで13分20秒43の日本記録

（当時）を樹立。1998年には5000mの日本記録（当時）を13分13秒40まで引き上げている。2000年のシドニー五輪では1万mで7位入賞の快挙を果たすと、翌年には1万mで27分35秒09の日本記録をマークした。

トラックの長距離種目でほとんどの日本記録を塗り替えた高岡は、31歳でマラソンへの転向を決意。2001年12月の福岡で初マラソンに挑戦した。結果は2時間9分41秒の3位と不完全燃焼だったものの、2回目のチャレンジで大きな花火を打ち上げる。

2002年10月のシカゴで2時間6分16秒をマーク。藤田敦史が2000年の福岡で樹立した2時間6分51秒を35秒も上回り、日本新記録を打ち立てたのだ。

高岡はアテネ五輪の代表を逃したものの、2005年のヘルシンキ世界選手権では4位入賞を果たしている。2009年の東京を最後に引退するまでに、2時間10分切りを6回達成。川内優輝《かわうちゆうき》（埼玉県庁）に破られるまで、サブ10（2時間10分切り）は日本人の最多記録だった。

5000m、1万m、マラソンと徐々《じょじょ》に距離を伸ばして、持ち味のスピードを生かす。いま考えても、高岡のマラソンへのアプローチは素晴らしい。しかし、日本の長距離・マラソン界の〝キング〟ともいえる高岡の成功例が、その後の選手たちに悪影響《えいきょう》を与《あた》えたと思っている。

筆者は高岡以降の有望選手をかなり取材してきた。特に箱根駅伝で活躍してきた選手たちだ。彼らに大学卒業後のプランを聞くと、こういう回答をする選手が多かった。「高岡さんのようにまずはトラックでスピードを磨《みが》いて、マラソンに挑戦したいです」と。

その結果どうなったかというと、典型的な負のスパイラルはこうだ。20代前半に1万mで好タイムを出して、トラックで日本記録などさらなるタイムを意識。自己ベストを更新できないまま、30歳前後でマラソンに挑戦して、たいした結果がでないまま引退していく。

マラソンで活躍するには経験も重要なため、数回の挑戦でモノにできるほど甘《あま》くはない。そして、高速レースにはスピードも必要不可欠だ。しかし、全盛期のスピードがなくなった30歳前後でマラソンに転向したところで、結果は見えている。マラソンの経験もスピードもない選手が戦えるはずはないからだ。

詳《くわ》しくは第4章で説明するが、日本人には「1万m信仰《しんこう》」があると感じている。一番危ないのは中途半端にスピードのある選手。もっとタイムが出ると思っているうちに、マラソンに挑戦するタイミングを逃《のが》してしまうのだ。

〝高岡スタイル〟がエリート選手のスタンダードになった一方で、正反対のアプローチでマラソンに臨んでいるのが、川内優輝（埼玉県庁）のような選手たちだ。トラックで勝負できないと感じている彼らは、20代前半からマラソンに挑戦。持ち味のスタミナを武器に好結果を残している。

〝公務員ランナー〟に勝てない実業団選手

近年の日本マラソン界は、〝公務員ランナー〟として有名になった川内優輝（埼玉県庁）が話題を提供し続けている。川内が注目を集めたのは２０１１年の東京マラソンだ。2時間8分37秒の好タイムで日本人トップに輝《かがや》き、フルタイムで勤務する公務員という〝異色の経歴〟が話題をさらった。

その練習方法も、川内スタイルともいうべき独自のものだ。月間走行距離は600㎞ほどで、実業団選手と比べて、かなり少ない。ポイント練習は週に2回。水曜日に400mや1000mなどのスピード練習を行い、土曜日に25㎞走などの距離走をこなすというものだ。朝練習はなし。定時制高校の事務職をしているため、平日は出勤前の午前中に汗《あせ》を流す。

近年はゲストランナーの誘《さそ》いが多いこともあり、土曜日の距離走が日曜日のレースになっている。2013年には11回、2014年には14回ものフルマラソンに出場。サブ10は日本人最多の8回を数えている。

フルタイムで勤務して、数多くのレースに出場しながら、川内は実業団選手にほとんど負けていない。なんとも情けない話だが、それが日本マラソン界の現状だ。

実業団選手の大半は、一般業務をかなり免除《めんじょ》されている。競技に集中できる環《かん》境《きょう》が整っており、公務員の川内とは違《ちが》い、長期の合宿なども可能だ。サポートスタッフもいることを考えると、トレーニング環境はかなり恵《めぐ》まれている。

それなのにマラソンでは川内に勝てない。近年は「負けても仕方ない」という雰《ふん》囲気《いき》すらある。筆者が経営者なら、川内に負けてもヘラヘラしているような選手には一般業務に集中させるが、ハッキリ言って実業団選手は甘い。そんな〝環境〟も日本のマラソン弱体化につながっているだろう。

ちなみに川内の１万m自己ベストは29分02秒33。同学年である佐藤悠基（日清食品グループ）や竹澤健介《たけざわけんすけ》（住友電工）が学生時代から27分台をマークしていることを考えると、トラックでは平凡《へいぼん》な選手といえる。しかし、大学時代からマラソンに出場するなど、実戦を重ねることで、「強さ」を身につけてきた。

川内は学習院大学時代に関東学連選抜《せんばつ》チーム（現・関東学生連合チーム）で、箱根駅伝に２度出場している。マラソンで２時間８分台の記録を持つ藤原正和《ふじわらまさかず》（Ｈｏｎｄａ）、中本健太郎《なかもとけんたろう》（安川電機）、山本亮《やまもとりょう》（ＳＧホールディングスグループ）、松《まっ》村康平《むらこうへい》（三菱日立パワーシステムズ長崎）、小林光二《こばやしこうじ》（ＳＵＢＡＲＵ）も箱根駅伝経験者で、川内同様にマラソン挑戦は早かった。藤原は大学４年生のときで、小林は社会人１年目、中本、山本、松村は社会人３年目だ。

山本は日本選手権1万mで入賞（4位）の経験があるものの、中本は28分54秒59、小林は29分12秒69と1万mのタイムは遅い。2時間8分台のタイムを目指すなら、トラックのスピードはそれほど必要ないことが証明されている。では、2時間5～6分台はどうかというと、それは難しい。結局のところ、スピードが必要になってくる。

1万m27分台のスピードを持つ選手（27分台の記録を持つ選手ではない）がマラソンに挑めば、好タイムへの期待感は大きくなる。しかし、いまの日本ではうまくいっていない。世界で戦うだけの実力がなくても評価されてしまうトラックランナーの〝ぬるい環境〟が、マラソン挑戦を遅らせている原因にもなっている。

外国人選手を締め出して現実逃避する日本

筆者が高校1年生（1992年）のときに〝黒船〟は突然《とつぜん》やってきた。仙台育英高校にダニエル・ジェンガとジョン・マイタイという2人のケニア人留学生が入学したのだ。

それまでも、ソウル五輪の男子マラソンで銀メダルを獲得したダグラス・ワキウリ（エスビー食品）や、箱根駅伝で活躍したジョセフ・オツオリ（山梨学院大学）ら日本の企業や大学には外国人選手（主にケニア人）が在籍《ざいせき》していたが、彼《かれ》らは〝レアケース〟ともいうべき存在だった。しかし、ジェンガとマイタイの来日から、日本の陸上界は大きく変わった。

まずは彼らの実力に度肝《どぎも》を抜《ぬ》かれた。高校1年時の春に出場した5000mで彼らは当時、高校歴代4位に相当する14分08秒台というタイムをマークしたのだ。筆者が高校1年時に初出場（6月頃《ごろ》）した5000mが18分台だったことを考えると、その衝撃《しょうげき》を理解していただけると思う。

2人のケニア人留学生コンビを擁《よう》した仙台育英高校は、1993年の全国高校駅伝で初優勝を飾《かざ》る。最長10㎞の1区でジェンガが抜け出すと、そのまま独走した。この年、仙台育英高校は男女各2名のケニア人留学生を起用してアベック優勝を果たしたことで、論議が勃発《ぼっぱつ》。高体連では1995年からインターハイの留学生枠《わく》をチームの20％前後までと規制、高校駅伝においても外国人留学生選手のエントリーは2人まで、出場は1人のみとなった。

ジェンガは1994年大会も1区で快走。翌年、5000mで高校記録を樹立することになる古田哲弘《ふるたてつひろ》（区間2位）に40秒という大差をつけている。それから2007年大会まで都大路〝花の1区〟は、ケニア人留学生が区間賞を奪《うば》い続けた。そのパワーがあまりにも巨大だったため、議論の末に2008年大会から、男女とも外国人留学生選手の起用について「1区を除く区間」という規定に変更された。

仙台育英高校の〝成功〟が大きく、その後は全国各地にアフリカからの留学生が入学するようになった。インターハイの男子5000mでは、ケニア人留学生が23年連続で優勝をさらっている。昨年度（2014年）の男子5000m高校100傑を見ると、上位をケニア人留学生が独占《どくせん》。100傑《けつ》に7人の留学生を見つけることができる。ちなみに長距離種目以外では、外国人選手の姿はまず見当たらない。「駅伝」という人気種目で、学校名をPRしたい経営者側の思惑《おもわく》が影響しているのだ。

大学駅伝でもアフリカからの留学生ランナーが増えつつある。20年前は山梨学院大学だけだったが、平成国際大学も2人のケニア人留学生を入学させて、箱根駅伝の初出場につなげている。その後は、駅伝新興大学に留学生の姿がよく見られるようになった。

個人的には箱根駅伝で12回の総合優勝を誇る名門・日本大学にケニア人留学生が入学したときには驚いたが、いまではもう当たり前の光景だ。今年の箱根駅伝予選会には、ダニエル・ムイバ・キトニー（日本大学）、ワークナー・デレセ（拓殖《たくしょく》大学）、シテキ・スタンレイ（東京国際大学）、サイモン・カリウキ（日本薬科大学）、ラザラス・モタンヤ（桜美林《おうびりん》大学）と5人の留学生が出場している。

大学駅伝では外国人選手の起用を制限していないが、全日本実業団駅伝では男女とも外国人選手が出場できる区間が決められている。男子は2009年から最短8・3kmの2区が「インターナショナル区間」となり、唯一《ゆいいつ》外国人選手の登録が可能。例年、約半数のチームが外国人選手を起用して、区間上位を占《し》めている。

世界と本気で戦う気持ちがあるなら、駅伝でも強い外国人選手と真っ向勝負すべきだが、現実は日本人同士の〝ソフトな対決〟をメディアが持ち上げて、選手たちも満足している。自分たちの都合で外国人選手を締《し》め出して、現実逃避《とうひ》。こんなことでは世界と勝負できないだろう。

アフリカ勢はなぜ速いのか!?

現在、世界の長距離・マラソン界を席巻《せっけん》しているのはアフリカ勢だ。ケニアとエチオピアが二大勢力で、両国を含《ふく》むアフリカ諸国から帰化した元アフリカ出身の選手たちも強い。では、彼らはなぜ速いのか？　じっくり説明すると1冊分くらいになってしまうので、主な理由を挙げたいと思う。

まずは生まれ持ったポテンシャルだ。日本人とアフリカ勢ではカラダつきが明らかに違う。彼らは脚《あし》（主にふくらはぎ）が細くて、バネもある。走るために生まれてきたと言ってもいいような体格をしている。

そして、育った環境だ。たとえばケニアの首都・ナイロビは標高約1600m。

エチオピアの首都・アディスアベバは標高約2400mに位置する。日本人の感覚でいえば、日頃から「高地トレーニング」をしているのと同じ。事実、留学生などは来日した直後は、すこぶる調子がいいが、日本の生活に慣れてくるとパフォーマンスを下げていく傾向《けいこう》もある。

それから近年は「キャンプ」と呼ばれるトレーニングスポットの存在も大きい。欧州《おうしゅう》のエージェントやコーチ、もしくは選手として稼いだアフリカ人が〝練習拠《きょ》点《てん》〟をつくり、有望選手を集めてコーチのもとでトレーニングさせるのだ。そういう場所（ケニアに多い）がいくつもあり、そのなかからお金になりそうな選手を海外のレースに出場させている。

あと日本人との大きな違いは「マネー」だ。日本人の場合は高校で全国上位の実績があれば、スポーツ推薦《すいせん》（授業料免除《めんじょ》の強豪《きょうごう》校も多い）でブランド校や強豪大学に入学できて、箱根駅伝で活躍すれば駅伝チームを抱《かか》える有名企業《きぎょう》に、厳しい就職活動をすることなく入社できる。社員選手になれば、競技を引退したあとも「社員」として企業に残ることも可能だ。定年まで食いっぱぐれることがないことを考えると、極めて安定感のある〝素晴らしい人生〟が待っているといえる。

しかし、競技で大活躍したところで、プロ野球選手や欧州のチームで活躍するサッカー選手と比べると、その収入はかなり少ない。日本人にとってのマラソンは、〝夢〟という部分では、残念ながら魅力《みりょく》的なマーケットではないのである。

かたやアフリカ勢はどうか。日本企業に所属する選手を除けば、ほとんどが「プロ」という立場だ。しかも、その多くは走ることが唯一、貧困から脱出する手段になる。たとえば、元世界記録保持者のパトリック・マカウ（ケニア）は現在30歳だが、少年時代は村に水道やガスはなく、1km以上も歩かなければ水を汲《く》むことすらできないという環境で育ったという。一家の収入は月に10ドルほどで、衣類だけでなく食事にも困窮《こんきゅう》するような生活を過ごしていた。そして、貧困から抜け出すために走り始めたのである。

しかも、選手の肩には家族や親せきの生活までがかかっており、「マネー」というモチベーションは日本人の感覚では理解できないくらいに大きい。選手はレースで賞金を稼ぎ、メジャーレースに招待されるほどの選手になると故郷ではちょっとした英雄だ。ただし、アフリカから日本の実業団にやってくる選手のなかには、安定したジャパンマネーを手にしたことで、競技への意欲を落とす者もいる。能力、環境、お金、モチベーション。そのすべてで日本人はアフリカ勢と比べて劣っているといえるかもしれない。

日本はメディアの存在も〝低レベル〟

近年の陸上界では男子100mが最も注目を集めている。その理由は日本人として未知となる9秒台の可能性が高まっているからだ。その〝瞬間〟をいまかいまかと多くのメディアが待ち構えている。「ついに夢の9秒台へ突入」というような甘《かん》美《び》なキャッチを考えながら。スポーツライターとして陸上競技を15年追いかけてきた身としては、100m9秒台の凄《すご》さは十分に理解しているつもりでいる。しかし、ちょっと持ち上げすぎかなとも感じている。

世界には100mを9秒58で走ってしまうウサイン・ボルト（ジャマイカ）とい

う怪物もいる。世界大会のない谷間の年だった昨シーズン（2014年度）だけでも100mを9秒台で駆け抜けた選手は16人。いまや9秒8台を出さないと、世界歴代30傑にも入ることはできない。100m9秒台はもはや〝夢の記録〟とはいえない時代だ。

マラソンも同様で男子の世界記録はデニス・キメット（ケニア）がベルリンで刻んだ2時間2分57秒。世界歴代30傑に入るには2時間5分を切らないといけない状況になっている。日本の現状をいえば、今年2月の東京で今井正人《いまいまさと》（トヨタ自動車九州）が現役選手では最速タイムとなる2時間7分39秒（日本歴代6位）をマークするのが精一杯だ。それでも、今井の〝快走〟は日本のメディアで高い評価を受けた。

頑張《がんば》った選手を称《たた》えるのはもちろん必要だが、世界との差を認識しながら、真っ当な評価をするのがメディアの役割だ。そういう意味では、日本のマスコミはレベルが低い。それは筆者が幼い頃から変わっていないと思う。

たとえば、サッカーの盛んな欧州や南米では、期待されて活躍できなかった選手はメディアにかなり叩《たた》かれる。日本はというと、そこまで厳しい記事を載《の》せるメディアは非常に少ない。世界的に見るとたいしたこともないパフォーマンスでも、ずいぶんポジティブにとらえて、過大評価する傾向がある。

それでは選手、指導者もカン違いしてしまう。メディアの〝質〟も日本マラソン界の低迷を招く原因になっているともいえるだろう。

日本の女子マラソンは男子以上に低水準

男子マラソン以上に近年、深刻な状態にあるのが日本の女子マラソンだ。まずは【日本の女子マラソン・1万m年度別トップ】を見ていただきたい。

マラソンでは、日本人トップの記録が2001〜2005年は2時間19〜21分台だが、2008年以降、2時間23〜25分まで急降下している。3分ほども遅くなっているのだ。男子は2002年以降2時間6分台こそ出ていないものの、毎年2時間7〜8分台の記録を残している。記録だけで判断すると、男子よりも女子の方が危《あや》うい。

【日本の女子マラソン・1万m年度別トップ】

00年	2時間22分19秒	（高橋尚子《たかはしなおこ》）	31分09秒46	（川上優子《かわかみゆうこ》）
01年	**2時間19分46秒**	**（高橋尚子）**	31分39秒80	（弘山晴美《ひろやまはるみ》）
02年	2時間21分22秒	（渋井陽子《しぶいようこ》）	**30分48秒89**	**（渋井陽子）**
03年	2時間21分18秒	（野口《のぐち》みずき）	31分10秒57	（福士加代子《ふくしかよこ》）
04年	**2時間19分41秒**	**（渋井陽子）**	31分05秒68	（福士加代子）
05年	**2時間19分12秒**	**（野口みずき）**	31分03秒75	（福士加代子）
06年	2時間23分26秒	（弘山晴美）	30分57秒90	（福士加代子）
07年	2時間21分37秒	（野口みずき）	31分23秒27	（赤羽有紀子《あかばゆきこ》）
08年	2時間23分30秒	（尾崎好美《おざきよしみ》）	31分01秒14	（福士加代子）
09年	2時間23分42秒	（渋井陽子）	31分23秒49	（福士加代子）
10年	2時間24分55秒	（赤羽有紀子）	31分29秒03	（福士加代子）

11年　2時間23分56秒（尾崎好美）　30分54秒29（福士加代子）
12年　2時間23分23秒（重友梨佐《しげともりさ》）　30分59秒19（新谷仁美《にいやひとみ》）
13年　2時間23分34秒（木崎良子《きざきりょうこ》）　30分56秒70（新谷仁美）
14年　2時間25分26秒（木崎良子）　31分41秒80（萩原歩美《はぎわらあゆみ》）
15年　2時間22分48秒（前田彩里《まえださいり》）　31分37秒32（高島由香《たかしまゆか》）

※15年は10月末までの記録で、太字は日本記録（当時を含む）。

女子は1万ｍの記録を見ても下降気味だ。特に落ち込みが激しいのがこの2年。全体的なレベルの低下もあるが、２０１３年のモスクワ世界選手権1万ｍで5位入賞を果たした新谷仁美の「引退」が大きい。日本長距離界のエースが抜けた穴は、マラソンにも影響するだろう。

かつての渋井陽子、福士加代子、赤羽有紀子はトラックでスピードを磨き、マラソンでも活躍した。次は新谷がマラソンに本格挑戦する番かと思っていたが、そのときはやってこなかった。

現在の1万mのタイムを考えると、トラックからマラソンへ移行して成功する可能性のある選手は少ない気がする。まずは1万mを31分15秒前後で走れるような選手が出てくることを期待するしかない。

女子マラソンは世界的に見ても衰退傾向

日本の女子マラソンは男子以上に危ういと書いたが、世界大会では近年も好結果を残している。今年夏の北京世界選手権で伊藤舞《いとうまい》（大塚《おおつか》製薬）が7位入賞。2013年のモスクワ世界選手権では福士加代子（ワコール）が銅メダル、2009年ベルリン世界選手権でも尾崎好美（第一生命）が銀メダルを獲得している。

日本のレベルは確実にダウンしているのに、なぜ「メダル」に手が届くのか。それは男子と違い、女子は世界的に衰退《すいたい》傾向にあるからだ。

アテネ五輪イヤーだった2004年から今季（2015年）までの世界ランキングトップの記録を比較するとその凋落《ちょうらく》ぶりがわかると思う。

【女子マラソン世界ランキングのトップ】

00年　2時間21分33秒（キャサリン・ヌデレバ）
01年　2時間18分47秒（キャサリン・ヌデレバ）
02年　2時間17分18秒（ポーラ・ラドクリフ）
03年　2時間15分25秒（ポーラ・ラドクリフ）
04年　2時間19分41秒（渋井陽子）
05年　2時間17分42秒（ポーラ・ラドクリフ）
06年　2時間19分36秒（ディーナ・カスター）
07年　2時間20分38秒（周春秀《しゅうしゅんしゅう》）
08年　2時間19分19秒（イリーナ・ミキテンコ）
09年　2時間22分11秒（イリーナ・ミキテンコ）
10年　2時間22分04秒（アツェデ・バイサ）
11年　2時間19分19秒（メアリー・ケイタニー）

12年　2時間18分37秒（メアリー・ケイタニー）
13年　2時間19分57秒（リタ・ジェプトゥー）
14年　2時間20分18秒（ティルフィ・ツェガエ）
15年　2時間19分25秒（グラディス・チェロノ）
※15年は11月15日までの記録で、太字は世界記録（当時を含む）。

ポーラ・ラドクリフ（英国）の出現もあり、2001年～2003年にかけて記録は一気に向上した。当時の男子（2時間4分55秒）と女子（2時間15分25秒）の世界記録を比較すると10分30秒差だったが、現在は12分28秒差まで広げられている。

女子は男子のように強烈《きょうれつ》なトラック選手がマラソンに本格参入してこなかったこと、IAAF（国際陸連）が2011年以降、男女混合レースでつくられた女子の記録を公認しなくなったことが世界的な〝レベルダウン〟につながっていると言えるだろう。

男女混合レースの場合、走力が上回る男子選手が女子選手をゴール近くまでキッチリと引っ張ることができるだけでなく、風よけの役割を担《にな》うこともできる。高橋尚子が２００１年のベルリンで当時の世界記録（２時間19分46秒）を樹立したときも複数の男子選手がガードランナーを務めていた。

女子は世界歴代記録のトップ3を占めていたラドクリフひとりが一気にレベルを押し上げた印象もあるが、男子ペースメーカーのアドバンテージを差し引いても、ちょっと物足りない。男子のように高速化の流れが来る前に、日本勢は２時間20分前後までタイムを戻《もど》しておかないと、取り返しのつかない状況《じょうきょう》になってしまうような気がする。

日本陸連のチグハグな強化策

日本のマラソンはチームごとの強化が基本だが、日本陸連も「強化策」を考えて、取り組んでいる。しかし、残念なことにうまくいっているとは言えない。

リオ五輪の「メダル」を目標に掲げて、昨年（２０１４年）４月から新たなプロジェクトとして、『マラソン・ナショナルチーム』（以下NT）を始動したが、すでに崩壊《ほうかい》しつつあるからだ。

初年度となった昨季は男女のヘッドコーチに宗猛と武冨豊《たけとみゆたか》が就任。男子12名、女子9名でスタートした。発足時の会見で、酒井勝充《さかいかつみ》・強化副委員長（中長距離・ロード部門統括《とうかつ》）は「リオ五輪でメダルおよび上位入賞者を目指すための取り組みです」とその目的を話していた。男女とも世界と大きな差をつけられているものの、夏に開催《かいさい》されるオリンピックや世界選手権では、まだまだ戦えるという〝希望〟はある。NTの主な目的のひとつには、合同合宿で選手の医科学データをとり、「暑さへの適性」をチェックすることにあった。

北京世界選手権とリオ五輪の選考には、合同合宿で取得したデータも選考基準になるため、NTに入ることは選考に「優位性」があるという説明だった。しかし、北京五輪では、第1章でも書いた通り、暑さに強いランナーが選ばれたわけではない。

それどころか、今年5月の理事会では、「NTの選手を優先的に選ぶ」という条項が撤廃《てっぱい》されたのだ。NTの意義はどこにあるのだろうか。「優位性があるからNTに協力したのに……」というチームもあり、日本陸連のチグハグな強化策に選手や関係者は戸惑《とまど》っている。

選手のなかで特に異議を訴《うった》えているのが、〝公務員ランナー〟川内優輝（埼玉県庁）だ。

「昨年、12人いた中で自己ベストを更新できたのは今井正人さんだけ。サブ10も今井さんと私の2人。3人がマラソンを走れず、合宿で半分の人が40㎞走も走らない。そういう状況の中で、締め付けだけ強くなる。思い描《えが》くトレーニングが積めない」というコメントがスポーツ紙に掲載された。そして、今年度は自らNT入りを辞退している。

ちなみに今年のNTメンバーは、男子が今井正人（トヨタ自動車九州）、藤原正和（Honda）、前田和浩《まえだかずひろ》（九電工）、五ヶ谷宏司《ごかやこうじ》（JR東日本）、小林光二（SUBARU）、中本健太郎（安川電機）、松村康平（三菱日立パワーシステムズ長崎）の7人。女子は前田彩里（ダイハツ）、伊藤舞（大塚製薬）、重友梨佐（天満《てんま》屋《や》）、加藤麻美《かとうあさみ》（パナソニック）、木嵜良子（ダイハツ）、田中智美《たなかともみ》（第一生命）、野口みずき（シスメックス）、福士加代子（ワコール）、渡邊裕子《わたなべゆうこ》（エディオン）の9人だ。

　こんな状況でリオ五輪が戦えるのだろうか。ＮＴの存在意義をもう一度見直す必要があると思う。日本陸連には、頑張っていますという〝パフォーマンス〟ではなく、より具体的な強化方針を打ち出していただきたいところだ。

第4章

駅伝がマラソンをダメにしたのか？

箱根駅伝とマラソンの関係

マラソンが低迷《ていめい》すると必ず問題視されるのが、「駅伝」の存在だ。特に箱根駅伝は注目度が高いためにスケープゴートになることが多い。では、箱根とマラソンはどんな関係になっているのだろうか？

箱根常連校のある監督《かんとく》が、「箱根は陸上界にとって悪ですよ」と本音を話してくれたことがある。それは「世界」につながらないという意味だ。学生長距離《きょり》界が〝箱根至上主義〟に傾《かたむ》き、世界に羽ばたくための準備が中途半端《ちゅうとはんぱ》になってしまっているのだ。

東海大学の両角速《もろずみはやし》駅伝監督も、佐久長聖《さくちょうせい》高校の教員から母校の駅伝監督に転身したときに大学駅伝のスケジュールに戸惑《とまど》っていた。当時は村澤明伸《むらさわあきのぶ》（現・日清食品グループ）が1万mで世界大会を狙《ねら》う状態にあったものの、そのための「強化練習」が思うようにできずにいたからだ。

駅伝強豪《きょうごう》校の主力として出場すべき大会だけでも、関東インカレ（5月）、全日本大学駅伝予選会（6月）、日本インカレ（9月）、出雲《いずも》駅伝（10月）、箱根駅伝予選会（10月）、全日本大学駅伝（11月）、箱根駅伝（1月）と目白押し（※全日本と箱根の予選会は該当《がいとう》チームのみ）。その他、個人として世界大会を狙うのであれば、兵庫リレーカーニバルなどの春季サーキット（4月）と日本選手権（6月）は必須《ひっす》だ。そのなかで、世界大会の参加標準記録を破って、日本選手権で上位に食い込《こ》まないと日本代表の座は見えてこない。

また世界大会に出場することになると、夏合宿期間中（8月）にレースへ参戦することになる。学生でいえば、オリンピックや世界選手権だけでなく、ユニバーシアードや世界ジュニア（19歳《さい》以下）も対象だ。12月は箱根駅伝のためのトレーニングに集中して、箱根後は1月後半に開催《かいさい》される都道府県対抗《たいこう》駅伝に出場する選手も少なくない。

主力ランナーほど出場レースが多く、休む時期も、トレーニングする時期もなかなか確保できない状態なのだ。しかも、年間スケジュールの焦点《しょうてん》は「箱根」に向けられる。選手たちのモチベーションも高く、指導者も学校側から箱根駅伝での活躍《かつやく》を求められるからだ。不思議なことに、世間の注目度も選手たちの気持ちも「全日本」より関東ローカルの「箱根駅伝」の方が上回っている。

今年正月の箱根駅伝で東海大を6位に導いた両角も、「目指す方向が箱根ばっかりではなく、トップ選手には世界を目指すついでに箱根をやっているくらいの感覚にならないといけないでしょう。世界を目指すと言いつつも、あの距離のレースはオリンピックや世界選手権にありませんし、極端《きょくたん》な上りを競《きそ》うこともないわけです。そもそも駅伝自体が世界大会にないわけですから。箱根で何かしたことで、マラソンを2時間6分台で走ることにつながることもないような気がします。全く異質な種目をやっているわけですからね。個人的には、箱根がオリンピックに対してできることなんて少ないと思います。ただ圧倒《あっとう》的にタレントが関東の大学に集まっているので、その環境《かんきょう》を生かして、選手たちに世界を意識させていくことが大切じゃないでしょうか」と指摘《してき》する。

人気の高い箱根駅伝だが、予選会を含《ふく》めて〝ネガティブな戦い〟になりがちなことも問題だろう。予選会は「失敗してはいけない」という気持ちが大きくなるレース。集団走という予選会独自のテクニックで、安全策を敷《し》くチームも少なくない。箱根本戦も「シード権を確保しないといけない」というミッションがある。陸上競技本来の「1秒でも速く」ということより、「確実に走る」ことにプライオリティが置かれているのだ。

ソウル五輪の5000m・1万m日本代表で、拓殖《たくしょく》大学で13年間の監督経験もある米重修一《よねしげしゅういち》も近年の箱根駅伝について次のように疑問視している。

「単純にレベルは上がりました。でもこの中から1万m26分台ランナーが本当に出るのか心配になりますよね。監督時代、突《つ》っ込んでブレーキすることは怒らなかったですけど、イーブンペースで行くような選手が大嫌《きら》いでした。そんな駅伝をやっていたら世界で勝負できませんから」

個人種目である「陸上競技」の〝本質〟が、チーム競技である「駅伝」によって侵《おか》されていく。そう感じているのは筆者だけではないだろう。

箱根のヒーローがマラソンで成功しない理由

それでは実際のところどうなのか。この5年間の世界大会代表は、以下の通り。2011年テグ世界選手権（北岡幸浩《きたおかゆきひろ》、川内優輝《かわうちゆうき》、堀端宏行《ほりばたひろゆき》、尾田賢典《おだよしのり》、中本健太《なかもとけんた》郎《ろう》）、2012年ロンドン五輪（藤原新《ふじわらあらた》、山本亮《やまもとりょう》、中本健太郎）、2013年モスクワ世界選手権（中本健太郎、藤原正和《ふじわらまさかず》、前田和浩《まえだかずひろ》、川内優輝、堀端宏行）、2015年北京世界選手権（藤原正和、前田和浩、今井正人《いまいまさと》）。10人の日本代表ランナーのうち、箱根駅伝経験者は8人いる（箱根未経験者は堀端と前田のみ）。

人数だけで見れば、箱根駅伝経験者が優位だが、近年は有力高校生ランナーのほとんどが関東の大学に進学することを考えると妥当《だとう》な印象だ。しかも、箱根で区間賞を獲得《かくとく》しているのは藤原正和と今井だけ。箱根でヒーローになることと、マラソンで成功することはあまりリンクしていない。ロンドン五輪で6位、モスクワ世界選手権で5位と世界大会で〝連続入賞〟の快挙を達成した中本が箱根を走ったのは4年生（拓殖大学）の1回だけ。しかも7区で区間16位という成績しか残していないが、マラソンでは成功している。

箱根駅伝は第82回大会（2006年）から4区が21・0kmから18・5kmに短縮し、山上りの5区が20・9kmから23・4km（現在の公式距離は23・2km）に延長された。これには、「4区を短縮することでトラック専門の中長距離選手に箱根駅伝出場の機会を広げ、5区を延長することでマラソン選手の育成や強化を図る」という理念があった。しかし、実際は〝机上の空論〟という結果しか残せていない。山を駆《か》け上った〝マラソン要員〟はどうなったのか教えよう。

5区が最長区間になり、箱根駅伝は前回大会でちょうど10レースを開催した。山上りを経験した選手は現在19〜33歳ということになる。このなかで大学卒業後にマラソンでサブ10を達成したのは今井正人（トヨタ自動車九州）、山本亮（SGホールディングスグループ）、佐々木《ささき》悟《さとる》（旭化成）、五ヶ谷宏司《ごかやこうじ》（JR東日本）、酒井将《さかいまさ》規《のり》（九電工）の5人だけ。ちなみに酒井が5区を走ったのは4年時のみで、区間20位と撃沈《げきちん》している。

両角も指摘していたが、マラソンを意識した（はずの）区間である5区を走った選手がこの成績では、箱根駅伝がマラソンに直接関係しているようには思えない。ただ現実にあるのは、5区の距離が最長になり、箱根駅伝の戦略が大きく変わったということだろう。

最長距離になった第82回大会からの10大会で、5区で区間賞を獲得した大学が7回も総合優勝を果たしており、往路優勝の確率にいたっては100%だ。勝負のウエイトが大きくなった5区から箱根のヒーローが誕生したのは必然なことだろう。ただし、学生時代の輝《かがや》きがまぶしいと、大学卒業後の姿が色褪《いろあ》せて見えてしまう。「山の神」として箱根路で無敵を誇《ほこ》った柏原竜二《かしわばらりゅうじ》も大学卒業後は苦戦している。トラックで学生時代の記録を更新《こうしん》できず、駅伝でもイマイチ。社会人4年目の今季は9月のシドニーで初マラソンに挑《いど》んだが、2時間20分44秒の7位に終わっている。

箱根を卒業してモチベーションを下げる選手たち

箱根駅伝が「悪」になる要因として、選手たちのモチベーションがあると思う。

箱根が根の部分から悪いわけではなくて、結果として「箱根が良くない」という評価になっているのだ。筆者は箱根卒業後も活躍している今井正人（トヨタ自動車九州）と佐藤悠基《さとうゆうき》（日清食品グループ）から同じような言葉を聞いている。

今井は順天堂大学時代に５区で３年連続して区間記録を樹立。当時は「山の神」と称《たた》えられた。大学卒業後は思うように結果の出ない時期があったが、２０１５年の東京マラソンで日本歴代６位となる２時間７分39秒をマークした。日本マラソン界のエースとして期待されている今井は箱根駅伝と実業団の関係をこう話している。

「箱根駅伝は大学時代に４回しか走れません。明確な目標があるので、選手もそこに向かって自然とモチベーションが上がる。でも、その後に実業団に入ると、箱根駅伝ほどの高い目標がなくなるんです。それで、どこに目標を置いていいかわからなくなってしまうのではないでしょうか。箱根を走った選手のなかには、実業団に入って目がキラキラしなくなったと感じる選手は少なくありません」

東海大学時代に箱根駅伝で３年連続「区間新」を叩《たた》き出した佐藤はもっと辛辣《しんらつ》だ。昨年までに日本選手権１万ｍで４連覇《れんぱ》を達成。ロンドン五輪やモスクワ世界選手権に出場するなど、箱根を卒業した後も日本長距離界のエースとして君臨している。

大学時代に燃え尽《つ》きてしまう選手は少なくないが、佐藤はこう分析している。

「学生時代は箱根駅伝というとてつもないモチベーションがあって、ほとんどの選手がそこに向かっている。実業団でも、ニューイヤー駅伝がありますが、箱根ほどのモチベーションにはなりません。かといって、『世界』を本当に意識している選手は少ないと思います。実業団で成長できない選手は、そういうモチベーションの中で、コーチから言われたメニューをこなしているだけにしか見えない。自分が具体的にどこまで行きたいのか。ダメな選手は明確な目標がないんじゃないでしょうか」

箱根駅伝で満足してしまうのか。それとも「世界」を見据《みす》えて、真摯《しんし》に取り組むことができるか。その〝差〟が箱根後の人生を変えている。ただ現実は、実業団に入って学生時代以上の気持ちで競技に邁進《まいしん》している選手は多くない。

箱根駅伝と全日本実業団駅伝（ニューイヤー駅伝）の平均視聴率を比べると、今年（２０１５年）は箱根駅伝の往路が28・2％、復路が28・3％。対して箱根の前日に行われるニューイヤー駅伝は13・9％と箱根の半分程度しかない。それでも前年よりも0・5％アップした。大迫傑《おおさこすぐる》、設楽《したら》兄弟（啓太《けいた》、悠太《ゆうた》）、服部翔大《はっとりしょうた》、窪田忍《くぼたしのぶ》ら箱根駅伝で活躍したスーパールーキーたちが加入したことも影響《えいきょう》していると思う。箱根ファンからすれば世代を超《こ》えた夢のステージに見えなくはないが、ホンモノの人気には敵《かな》わないらしい。

長距離ランナーにとって箱根を〝超える〟ものがあるとすれば、もはや世界大会の舞台しかない。ステージが上がるごとに、さらなる高みを目指す必要があるはずなのに、日本の実業団では、「箱根」よりも〝低い山〟しか用意されていないのだ。実業団がマズイというよりも、箱根の人気が高すぎるゆえの矛盾《むじゅん》が起きている。

駅伝での活躍を期待される実業団選手

ニューイヤー駅伝に出場するような強豪実業団チームの選手構成（外国人選手を除く）を見てみると、大卒が9割以上を占《し》める。しかも、その大半は箱根駅伝出場経験者だ。先ほど書いたように箱根よりニューイヤー駅伝の方が盛り上がらない状況があるにもかかわらず、ほとんどの実業団チームでは、「個人」よりも「駅伝」での活躍を期待されることになる。

その理由は単純明快だ。個人で世界大会に出場したところで、「日本の●●選手」という紹介になり、企業名が大きく取り上げられることは少ない。反対に、駅伝では企業名が連呼されることになるからだ。

陸上部を抱《かか》える企業は、選手（15名ほど）、専属スタッフ（3名ほど）の人件費、合宿や試合などにかかる活動費を負担することになる。投資に見合うだけの〝収益〟を得ることができなければ、陸上部を存続させる意味はない。

陸上の大会で企業ブランドを大きくPRできる場所はというと、実業団駅伝しかない。そのため、どの企業も全国中継される全日本実業団駅伝の出場を目指すことになる。

実業団といっても、一般業務をバリバリしているチームは少なく、多くの場合は「走ること」がメインの仕事だ。社員という立場でも、「走る」ことで報酬《ほうしゅう》を得ていることになるが、自分の置かれた立場を理解していない選手も少なくない。

男子1万m日本選手権の参加標準記録Aは28分27秒00（2015年大会）で、2014年度にこの記録を破った選手は学生（4人）を含めて26人だ。他の種目になると、日本選手権に出場するレベルでは、競技に集中できる環境で一流企業に入社するのは難しい。でも、長距離ランナーなら1万mを28分台で走るくらいの状態に持っていければ、ほとんどのチームでニューイヤー駅伝のレギュラーを勝ち取ることができる。そして、その程度で満足してしまっている選手が多い。世界を本気で目指す選手が少ないのは、駅伝があるがゆえの弊害《へいがい》かもしれない。

亜細亜《あじあ》大学を箱根駅伝優勝に導いた岡田正裕《おかだまさひろ》（現・拓殖大学監督）は、亜細亜大学の監督から女子実業団チームの監督に転身した。当初は「女子マラソンで世界と戦える選手を育てたい」という岡田の願いが叶《かな》う環境だった。しかし、いざ監督に就任すると、会社側から「駅伝も強くしてほしい」という要請《ようせい》を受けた岡田は、「約束が違《ちが》う」と1年で退職している。

女子実業団のダイハツなど、「個人」の活躍を推進するチームは少なく、「駅伝」

が優先されるのが実情だ。そして、駅伝という不思議な種目があるために、日本長距離界には独自の〝ひずみ〟が生まれていると筆者は感じている。

日本長距離界にはびこる「1万m信仰」

日本という国はなぜか「1万m」という種目が大好きだ。そして、ある意味〝結果〟を残している。

2014年度の男子1万m世界ランキングでは、鎧坂哲哉《よろいざかてつや》（旭化成）の24位（27分38秒99）を筆頭に佐藤悠基（日清食品グループ）、村山謙太《むらやまけんた》（駒澤《こまざわ》大学）、窪田忍（トヨタ自動車）、設楽啓太（コニカミノルタ）、設楽悠太（Honda）、上野《うえの》裕一《ゆういち》郎《ろう》（DeNA）と7人の日本人選手が50傑に顔を出しているのだ。

ちなみに上位の顔ぶれはトップがゲーレン・ラップ（米国）の26分44秒36。2位はポール・タヌイ（九電工）、3位はビタン・カロキ（DeNA）、5位はバルソトン・レオナルド（日清食品グループ）、7位ジェームズ・ムワンギ（NTN）、8位にウィリアム・マレル（Ｈｏｎｄａ）、9位にエドワード・ワウエル（ＮＴＮ）、10位にカレミ・ズク（トヨタ自動車九州）と日本の企業に所属するケニア人選手が上位を占めている。

　では、同じトラックの長距離種目である５０００ｍはどうか。上位の顔ぶれは激変する。２０１４年の世界ランキングで日本人選手は誰《だれ》も50位以内に入ることができなかった。日本の企業に所属する選手でトップ10に入ったのも6位（13分00秒53）のポール・タヌイ（九電工）だけだ。

　女子も確認してみると、２０１４年の世界ランキングでは1万ｍで萩原歩美《はぎわらあゆみ》（ユニクロ）が6位（31分41秒80）につけているが、トップのサリー・キピエゴ（ケニア）とは1分近いタイム差。他にも50位以内に西原加純《にしはらかすみ》（ヤマダ電機）、高島由香《たかしまゆか》（デンソー）ら17人もの選手が入っている。

　一方、５０００ｍで50位以内に入ったのは鈴木亜由子《すずきあゆこ》（日本郵政グループ）と松《まつ》崎《ざき》璃子《りこ》（積水化学）のふたりだけ。鈴木の34位（15分14秒96）が最高で、トップのゲンゼベ・ディババ（ケニア）とは46秒という大差をつけられている。

実は世界的に見て、日本ほど1万mレースに出場をしている国はない。1万mはレース時間が長いこともあり、ゴールデンリーグなど世界トップクラスが集まる競技会で行われることが少ないからだ。マラソンで活躍をするアフリカ勢のなかには、1万mを一度も走ったことがないという選手もいるほどで、世界の長距離勢のベースは「5000m」に置かれている。

反対に日本勢は年間で1万mレースを何本も走っている。世界規格ではなく、いびつな競技観になっているのだ。

なぜ1万mをたくさん走るのか。大きな理由はふたつある。ひとつは世界大会の標準記録を破れるチャンスがあること。もうひとつは駅伝の影響だ。全日本実業団駅伝は7区間で100㎞、全日本実業団女子駅伝は6区間42・195㎞。駅伝を考えると、5000mより1万mの方が〝レギュラー選考〟の参考になるからだ。

しかも、あまり意味がないことに、選手たちが好タイムを残すのは、「記録会」と呼ばれるレースがほとんどなのだ。記録会は着順を競うのではなく、全員がタイムを狙うため、ほぼ一定ペースで進行する。なかには力のある外国人選手をペースメーカーに起用するレースもある。そんなレースで好タイムを残したところで、世界の舞台《ぶたい》ではまったく戦うことはできない。

オリンピックや世界選手権では序盤《じょばん》からペースの上げ下げがあり、最後に猛烈《もうれつ》なスパート合戦となることが多い。記録会ではペースが安定しているため、国際大会のレースに対応できないのだ。

日本人が持っている好タイムの大半は、いわば〝つくられた記録〟と言っていいだろう。しかも、1万mの記録はマラソンにつながっていない。1万mを駅伝のための強化・選考に使ってオシマイ。これが日本長距離界の現実なのだ。

日本一の駅伝チームはマラソンで成功していない

ニューイヤー駅伝で〝21世紀の駅伝王者〟と呼ばれているのがコニカミノルタだ。2000年以降、前回までの15大会で8度の優勝を飾《かざ》っている。松宮隆行《まつみやたかゆき》、坪田智夫《つぼたともお》、宇賀地強《うがちつよし》ら1万mで世界大会に出場するようなエースが主要区間でタイムを稼《かせ》ぎ、選手層の厚さで他チームを圧倒してきた。

しかし、駅伝での〝強さ〟を考えると、マラソンでは成功しているとは言えない。チーム最高記録は黒崎拓克《くろさきひろかつ》の2時間9分07秒。日本歴代で45位というタイムにとどまっている。コニカミノルタ陸上競技部のサイトを見ると、部の概要のところに「マラソンで世界を目指せ！」というキャッチがつけられているが、思うようには進んでいないようだ。

マラソン練習のノウハウがあまり確立されていないことも考えられるが、1番の原因は「駅伝」ではないかと推測している。

強豪チームになればなるほど、必然的に会社からは「優勝」が求められる。選手たちの気持ちは駅伝に傾き、マラソンへの熱度が低下してしまうのだ。だから駅伝では頑張《がんば》れる。そして、「優勝」という目標を達成したことで満足してしまい、次（マラソン）への戦いに向けて気持ちを高めていくことは簡単ではない。

主力選手ほど、駅伝からマラソンへの気持ちの切り替えは難しいだろう。ちなみにマラソンでチーム最高記録を保持する黒崎は、ニューイヤー駅伝に7回の出場機会がありながら、2度しか出場していない。その分、マラソンに集中できた可能性は高い。

駅伝とマラソンの両立は実に難しい問題を抱えている。

選手の入れ替わりが激しい女子実業団

男子の場合は「箱根駅伝」という特別なステージがあるため、高卒から実業団に進む選手は少数派だ。しかし、女子の場合は様子が異なる。実業団チームへの入社は高卒が7割、大卒が3割程度。大学の競技レベルが高くないこともあり、高校を卒業後、実業団に進む選手が多い。

そして、選手の入れ替わりが激しいのも特徴だ。学生時代に注目を集めた選手が、わずか数年で姿を消してしまうことも少なくない。元実業団選手に現状を聞いてみると、「2年くらいでやめてしまう選手は多いですよ。その理由ですか？　ひとことで言うと、燃え尽きてしまうんだと思います」と話す。

彼女によると、高卒で入社した場合は、「2年」で最初の壁があるという。そして、女子ランナーたちを最も悩ませているのが「体重測定」だ。男子チームではほとんどないが、女子チームの多くは、体重をチェックすることで、選手たちを〝管理〟している。身長などから設定体重が決められており、それよりも多いと監督からカミナリだけでなく、罰金《ばっきん》をとるチームもあるという。そのストレスに耐《た》えられない選手がリタイアしていくのだ。

いくら有望な選手でもチームカラーや監督の指導法に合わないことがある。そこで挫《くじ》けてしまうと、陸上選手としての道は閉ざされてしまう。陸上界では、前の会社から「円満退社」が認められなければ、他チームへの移籍《いせき》ができない〝ルール〟があるからだ。

チームになじめないと、移籍を希望しても、「円満」でない限り、移籍はできない。だから、そのまま「引退」という流れになってしまう。基本、実業団への道は〝片道キップ〟で、引き返すことはできないのだ。この悪《あ》しき慣習が、有力選手の夢を奪《うば》っている。

高卒から実業団に入ると、マラソンまでの道も遠く感じてしまう。徹底《てってい》的に管理されるなか、さらにハードな練習が必要な「マラソン」に進む覚悟《かくご》ができないのだ。そのため、マラソンを一度も走ることなく引退してしまう女子選手は多い。女子も男子と同じく「駅伝」が優先される。マラソンを走らないのはその影響もあるだろう。

ちなみに例年12月中旬《ちゅうじゅん》に行われている全日本実業団女子駅伝は、2012年から戦いの舞台を岐阜県から宮城県（松島町～仙台市）に移した。走行距離はマラソンと同じ42・195kmで6区間の構成となる。昨年はデンソーが大会記録で優勝したが、そのタイムをご存知だろうか？　答えは「2時間16分12秒」。難コースとはいえ、女子マラソンの世界記録（2時間15分25秒）よりも遅いのだ。それどころか、日本記録（2時間19分12秒）を上回ったのは10チームしかなかった。

男子の高校駅伝は7区間で、こちらも42・195km。高校記録は2時間2分18秒（高校国内国際記録は2時間1分32秒）と男子マラソンの世界記録（2時間2分57秒）を上回っている。そう考えると、日本の女子実業団駅伝は非常に〝低レベル〟

だ。本気で世界を目指す気持ちがあるなら、選手たちは現実を見つめてほしいと思う。

実業団駅伝なんて廃止しろ！

駅伝とマラソンの関係を考えないと、日本の長距離界は衰退《すいたい》してしまう。「実業団駅伝なんて廃止《はいし》しろ！」と、ちょっと過激な小見出しをつけたが、駅伝の在り方を〝再考〟すべきときが来ていると思っている。

特に問題視すべきは実業団駅伝だ。選手たちの「意識」の問題はすでに書いた通り。筆者が強く訴《うった》えたいのは、駅伝の開催日を変えること。男子も女子もマラソンシーズンの真っただ中に全日本実業団駅伝が組み込まれているからだ。

男子の場合は12月初旬に福岡国際、2月下旬に東京、3月初旬にびわ湖と世界大会のマラソン代表選考レースが開催される。そして元日にニューイヤー駅伝だ。女子は11月中旬にさいたま国際、1月下旬に大阪、3月前半に名古屋ウィメンズというマラソン日程で、女子駅伝は12月中旬に行われる（来年からは11月末）。

現状のスケジュールだと駅伝とマラソンを両立するのは難しい。男子の福岡国際、女子のさいたま国際を走ると、駅伝に支障が出てくる。反対に駅伝後のレースを選《せん》択《たく》すると、マラソン練習（一般的には2〜3カ月のトレーニングが必要）をうまく積むのが難しい。

ニューイヤー駅伝で優勝経験のある選手は、駅伝とマラソンの両立についてこんなことを語っていた。

「チームとしては駅伝の優勝が最大の目標になります。そのため、福岡を走るのは難しい。かといって東京やびわ湖だと、ニューイヤー駅伝のあとに少し休んでからマラソン練習をすると時間が足りません。個人的には、マラソンでタイムを狙《ねら》うとしたら、9月のベルリンか10月のシカゴ。あとは4月のロンドンだと思っています」

マラソンは42・195㎞の勝負だが、ニューイヤー駅伝は最長区間でも22㎞（女子駅伝は最長10・9㎞）。当然、マラソンと駅伝のトレーニングは変わってくる。

そう考えると、駅伝はマラソンの邪魔《じゃま》でしかない。

では、どうすべきか。大会の開催日を変更《へんこう》すれば解決する。たとえば、世界大会の選考レースを11～1月に固めてしまい、全日本実業団駅伝を3月に開催するのだ（もしくはマラソンを1～3月、駅伝を11月前半にする）。

このような日程にすることで、マラソンにも駅伝にも集中しやすくなると思う。さらに、駅伝からトラック（もしくはトラックから駅伝）という流れもスムーズだ。

全日本実業団駅伝は全日本実業団連合の主催レースだが、マラソン強化のためにも日本陸連がイニシアチブをとって、スケジュールを管理する必要があるだろう。駅伝をいくら頑張ったところで、オリンピックに行くことはできない。駅伝がマラソンにもトラックにもつながるような取り組みをしていくべきだ。

これまで駅伝の〝悪口〟を書いてきたが、駅伝という文化が長距離の裾野《すその》を広げたという面は高く評価すべきだろう。高校駅伝も盛んで、それが強化につながっているし、箱根駅伝という注目される舞台を経験することもその後に生きてくる。また、駅伝があるからこそ、日本陸上界には「実業団」という独自のシステムが確立したからだ。

箱根人気があって、実業団駅伝もあるからこそ、多くの企業が陸上部員を雇《やと》っている。男子マラソンで2012年のロンドン五輪で6位、翌年のモスクワ世界陸上でも5位に食い込んだ中本健太郎（安川電機）のように、学生時代は活躍できなかった選手でも、社会人になって花開くチャンスがあるのは日本ぐらいだろう。

学生で1万m29分を切る選手は20年前に10人ほどしかいなかったが、現在は80人近くもいる。駅伝は長距離界の底上げにかなり役立っている。あとはマラソンで突《つ》き抜《ぬ》ける選手が出てくるのか。

とにかく駅伝がマラソンにつながる〝仕組み〟を考えないといけない。

第5章

東京五輪で活躍が期待される有望選手たち

米国でスピードを磨く大迫傑に未知の可能性

来年、リオ五輪を迎《むか》えるが、東京五輪もあと「4年半」と迫《せま》っている。ホスト国である日本にはどんな〝タレント〟がいるのだろうか。東京五輪で活躍《かつやく》しそうな、勢いのある選手をピックアップ。彼《かれ》らが4年後にマラソンを走っているかは分からないが、将来有望な長距離《きょり》ランナーを紹介《しょうかい》したい。

男子でいま最も勢いのある選手が大迫傑《おおさこすぐる》（NikeORPJT）だ。2014年から2015年にかけて、3000m、5000mなど室内外4種目で日本記録を塗《ぬ》り替《か》えると、今季のトラックシーズンでは、5000mの日本記録を8年ぶりに更新《こうしん》する13分08秒40をマークした。

大迫は大学を卒業した2014年から、〝名将〟アルベルト・サラザール率いる米国の中長距離グループ『ナイキ・オレゴン・プロジェクト』に加入。練習拠点《きょてん》を米国に移して、1万m26分台の記録を持つゲーレン・ラップ（米国）ら世界トップクラスの選手たちとトレーニングを積んでいる。

２０１５年３月31日付けで所属していた日清食品グループを退社して、４月から「プロ選手」として再スタート。駅伝に縛《しば》られるのを嫌《きら》い、自らの〝脚《あし》〟だけで稼《かせ》ぐ覚悟《かくご》を決めたのだ。

陸上を本格的に始めたのは中学時代。東京都町田《まちだ》市にある金井《かない》中学で実力を磨《みが》き、３年時には全日本中学校選手権３０００ｍで東京都中学記録（当時）の８分41秒59で３位に入っている。

都会育ちの大迫だが、当時から「強くなりたい」という気持ちにあふれていた。高校は長野県の名門・佐久長聖《さくちょうせい》高に越境《えっきょう》入学。ここでもメキメキと力をつけ、２年時には５０００ｍで13分58秒66を出すと、アンカー（区間賞）を務めた全国高校駅伝で、同校の初優勝に貢献《こうけん》した。この時のフィニッシュタイム２時間２分18秒は、外国人留学生を含《ふく》まないチームでの日本高校最高記録であった。

３年時はアキレス腱《けん》を痛めた影響で、夏のインターハイは５０００ｍ14位に終わったものの、駅伝シーズンでは本来の実力を発揮した。全国高校駅伝では花の１区で日本人歴代２位の好タイムで区間賞を奪《うば》っている。

高校卒業後は早稲田《わせだ》大学に進学。かつて日本の学生長距離界を席巻《せっけん》した渡辺康幸《わたなべやすゆき》駅伝監督《かんとく》の指導を受けて、何度も世界の舞台《ぶたい》に立った。1年時は7月の世界ジュニア選手権1万mに出場して8位に入ると、2年時は8月のユニバーシアード1万mで金メダルを獲得《かくとく》した。

3年時は春にロンドン五輪1万mの参加標準記録Bを突破する27分56秒94をマークするも、日本選手権1万mのラスト勝負で佐久長聖高校の先輩、佐藤悠基《さとうゆうき》（日清食品グループ）に敗北。僅《わず》か0・38秒差でオリンピック出場を逃《のが》した。

この時期から「もっと速くなるために、自分の疑問に答えてくれるコーチにつきたい」と強く願うようになった大迫は、米国オレゴン州ビーバートンにあるナイキ本社を拠点にする『ナイキ・オレゴン・プロジェクト（以下、ORPJT）』を訪《おとず》れた。

ORPJTは世界大会でアフリカ系選手と対等に戦えるアメリカ人選手の育成を目的に設立した長距離チーム。ニューヨークシティマラソン3連覇《れんぱ》（1980～82年）の実績を誇《ほこ》るアルベルト・サラザールをヘッドコーチに迎えて2001年にスタートした特殊プロジェクトだ。

現在は男女10名ほどが在籍《ざいせき》しており、米国人以外で所属しているのは、五輪・世界選手権で3大会連続長距離2冠《かん》のモハメド・ファラー（英国）、カナダ出身のキャメロン・レヴィンス（ロンドン五輪5000m14位・1万m11位）、大迫の3名だけだ。

大迫は3年時の箱根駅伝が終わった後にチームを見学し、「ここで練習したい」と本気で思うようになったという。しかし、誰《だれ》でもウエルカムというチームではない。大学4年時4月の米国・カージナル招待で日本学生記録となる27分38秒21の好タイムをマークした大迫は、サラザールに腰高のフォームを評価されて、ORPJTでの練習を許された。

大学卒業後は日清食品グループに籍を置きながら、米国で世界最高峰《さいこうほう》のトレーニングに取り組んでいる。ORPJTでは日本のような長めの距離（400mや1000mなど）ではなく、もっと短く区切り、ペースの速い練習が基本となる。現代の世界大会では揺《ゆ》さぶりが激しく、終盤《しゅうばん》の劇的なペースアップにも対応できるスピードが求められるが、大迫もＯＲＰＪＴの練習でスピードを磨き、それは３０００ｍや５０００ｍの日本記録更新で証明された。

今年の北京世界選手権５０００ｍでは、惜《お》しくも予選敗退となったが、ラスト２０００ｍからの大幅《おおはば》なペースアップにしっかり対応して、今までの日本人にはできなかった走りを見せている。

リオ五輪まではトラックで勝負し、東京五輪ではマラソンで金メダルを狙《ねら》うという大迫。「目指すは５０００ｍ12分台と１万ｍ26分台」と大きな目標を立てているが、この勢いなら不可能ではないだろう。

これまで海外に拠点を置いて、外国人コーチのもとで長期間活動してきた日本人選手はいなかった。大迫の挑戦は日本人の新たなチャレンジでもある。トラック種目で記録の壁《かべ》を突破《とっぱ》することが、日本のレベルを一気に押し上げる起爆剤《きばくざい》になるだろう。大迫の快走が日本のマラソンを変えるかもしれない。

大迫傑（おおさこ・すぐる）

1991年5月23日生まれ、東京都町田市出身
佐久長聖高校→早稲田大学→日清食品グループ→NikeORPJT
1500m　3分42秒68（2012年）
3000m　7分40秒09（2014年）＝日本記録
5000m　13分08秒40（2015年）＝日本記録
1万m　27分38秒31（2013年）＝日本学生記録（日本歴代4位）
ハーフマラソン　1時間1分47秒（2010年）＝アジアジュニア記録
室内2マイル　8分16秒47（2015年）＝日本最高
室内5000m　13分28秒00（2015年）＝日本最高

〝日本長距離界のエース〟が目指すスピードマラソン

トラック種目では大迫傑が日本人にとって〝未知の世界〟へ連れて行ってくれるはずだが、筆者はマラソンで日本記録を大きく更新するのは佐藤悠基（日清食品グ

ループ）だと信じている。現時点ではマラソンに3度出場して、最高タイムは今年9月のベルリンで出した2時間12分32秒。マラソンでは成功していないと思われるかもしれないが、これまでの結果は、「2時間5分台」を目指すための〝挑戦《ちょうせん》過程〟なのだ。彼の頭のなかには、「2時間8〜9分台」という並の好タイムを狙う発想はまったくない。

佐藤は中学時代から各カテゴリーの頂点に立ち、記録・実績の両面でずば抜《ぬ》けたキャリアを持つ〝日本長距離界のエース〟だ。中学3年秋の国体少年B3000mでは、1学年上の選手に交じって3位に入賞。8分24秒24という当時の日本中学新記録を樹立した。

長野の名門・佐久長聖高校に入学した佐藤はさらに速くなる。1年時に5000mで14分06秒99の高1歴代最高記録（当時）。2年生のときには、国体少年A5000mで日本人トップを奪うと、全国高校駅伝では4区で22分44秒という区間新記録（当時／現在でも日本人最高）をマークしている。

3年時には夏のインターハイ5000mでケニア人留学生と互角《ごかく》に戦い、日本人トップの2位。当時の高校記録に0・32秒と迫る13分45秒23を刻んだ。この記録は現在もインターハイの日本人最高記録として輝《かがや》いている。さらに11月の日体大長距離記録会1万mでは28分07秒39の驚異《きょうい》的なタイムで大学や実業団選手を抑《おさ》えて日本人トップ。従来の記録をちょうど20秒も更新する圧倒的な高校記録を樹立した。

東海大学に進んだ佐藤は、その後も順調に記録を伸《の》ばす。トラックでは1年目に5000mで13分31秒72のジュニア日本記録をマーク。日本インカレ1万mでは〝1年生V〟を成し遂《と》げた。箱根駅伝でも圧巻の快走を見せている。1年時から異なる区間（3区、1区、7区）で3年連続〝区間新〟を樹立。箱根路のヒーローとなった佐藤は、学生時代に5000mで13分23秒57、1万mは27分51秒65と学生歴代上位の記録を残した。

日清食品グループ入社後は日本選手権1万mで4連覇（2011～14年）を達成。テグ世界選手権、ロンドン五輪、モスクワ世界選手権と世界の舞台も3度経験するなど、日本長距離界のエースとして活躍している。

マラソンに初挑戦したのは2013年の東京だ。2時間16分31秒の31位と期待外れに終わったが、「マラソンがどんなものなのか。今後に生かすため」のレースだった。マラソン練習は3週間ほどしかしていない。

2015年の東京マラソンも2時間14分15秒と振《ふ》るわなかったが、佐藤はレース後に「納得」の表情を見せている。このときは故障の影響《えいきょう》でニューイヤー駅伝を万全な状態で迎えることができず、1月上旬にはインフルエンザにもかかった。回復後、40㎞走を2回実施《じっし》しただけ。それでも、「前に進むためには必要なレースだと思っています。30㎞（1時間30分02秒）まで速いペースで付いていくという目標はそれなりにできましたし、今後も地道にやっていくだけです」と話していた。

今年9月にはベルリンで3度目のマラソンに挑み、2時間12分32秒。タイムだけ見れば平凡《へいぼん》だが、「30㎞以降の走り」に重点を置いていた。レースに向けた実践的なトレーニングはあまり行わずに、「距離だけ」をこなしてレースに臨んでいる。40㎞付近で以前、肉離れを起こしたふくらはぎの筋肉が固まったため、終盤はペースを落とした。しかし、課題にしていたレース後半の走りは「いい感じでカラダを使えた」という手ごたえをつかんでいる。

ほとんどの選手が毎回のように自己ベストを目指してレースに出場するなかで、佐藤は明確なミッションを自分に課して、マラソンの経験を積んでいる。すべては「2時間6分切り」と「東京五輪のメダル」を狙うためだ。

マラソントレーニングはまだ確立していないが、佐藤のポテンシャルは誰もが認《みと》めるところ。〝パーフェクトレース〟を完結させることができれば、日本人が体感したことのないスピードマラソンを見せてくれるだろう。

佐藤悠基（さとう・ゆうき）

1986年11月26日生まれ、静岡県駿東《すんとう》郡清水《しみず》町出身
佐久長聖高校→東海大学→日清食品グループ
1500m　3分44秒80（2011年）
3000m　7分44秒63（2010年）＝日本歴代3位
5000m　13分13秒60（2013年）＝日本歴代5位
1万m　27分38秒25（2009年）＝日本歴代3位

マラソン　2時間12分32秒（2015年）

〝山の神〟から日本マラソン界のエースになった男

大迫傑や佐藤悠基は〝未来のエース候補〟だが、現在〝日本マラソン界のエース〟と呼ばれるのが今井正人《いまいまさと》（トヨタ自動車九州）だ。東京五輪は36歳《さい》で迎えることになるものの、オリンピックのような夏マラソンでは経験が武器となるため、4年半後の今井にも十分期待できる。

今井といえば、箱根駅伝で元祖〝山の神〟として多くの駅伝ファンに知られた存在だった。順天堂大学時代に3年連続で5区の区間新記録を樹立。その活躍もありマラソンでの活躍を期待されたが、すぐに結果を残すことができなかった。

しかし、2015年2月の東京マラソンで現役最高タイム&日本歴代6位の2時間7分39秒を叩《たた》き出す。メダル候補として期待された北京世界選手権は、髄膜炎《ずいまくえん》に冒《おか》されて欠場したが、来年のリオ五輪日本代表の有力候補だ。

今井は中学まで野球部で、原町高校から本格的に陸上を開始。3年時には夏のインターハイ5000mで5位（日本人2位）に入っている。高校卒業後は順天堂大学に入学し、箱根駅伝は1年生で花の2区に抜擢《ばってき》される（区間10位）。このときラスト3kmで待ち構えている上り坂の走りが仲村明《なかむらあきら》駅伝監督の目に留まり、翌年から5区にコンバートされた。そして、「山の神」と呼ばれるような大活躍を見せる。標高差775mの上り坂を軽々と駆《か》けあがり、3年間で20人の選手をゴボウ抜き。4年時はチームの主将として往路優勝のゴールテープを切り、チームは総合優勝を成し遂げた。

今井は社会人になり、強いのは〝山〟だけではないことを証明する。ニューイヤー駅伝では最長区間の4区で快走。2010年大会で12人抜きを見せると、2013年大会では前年に佐藤悠基が記録した区間記録を塗り替えた。

マラソンではしばらく2時間10分の壁にぶち当たっていたが、8回目のマラソンとなる2014年の別府大分で2時間9分30秒をマーク。初の〝サブテン〟を達成すると、翌年2月の東京で今井は覚醒《かくせい》する。日本人有力選手たちが次々と脱落《だつらく》していくなか、アフリカ勢に食らいついて自己ベストを2分近く更新。日本歴代6位の2時間7分39秒をマークして、北京世界選手権の代表を勝ち取った。

今井には3つの武器があると思っている。「上り坂の強さ」「暑さへの適応力」「タフなメンタル力」だ。上りの強さは日本国民が承知している通り。暑さへの適応力もマラソンナショナルチームのデータ計測で証明されている。そして、攻めの走りも、粘《ねば》りの走りもできるメンタルの強さも評価できるだろう。

今井のような選手が、オリンピックや世界選手権など酷暑《こくしょ》の世界大会で力を発揮できるタイプ。次の〝エース〟が現れるまで、今井が低迷する日本の男子マラソン界を高めてくれるはずだ。

今井正人（いまい・まさと）

1984年4月2日生まれ、福島県相馬《そうま》郡小高《おだか》町（現・南相馬市）出身

原町高校→順天堂大学→トヨタ自動車九州

5000m　13分55秒65（2009年）

1万m　28分18秒15（2010年）
ハーフマラソン　1時間2分37秒（2005年）
マラソン　2時間7分39秒（2015年）＝日本歴代6位

〝強い絆〟で結ばれる村山兄弟の新たなる挑戦

モスクワ、ロサンゼルスと2大会連続でオリンピックの男子マラソン代表になった宗《そう》兄弟（茂《しげる》、猛《たけし》）に代表されるように、なぜか日本には双子《ふたご》ランナーの活躍が目立つ。そのなかでもいま最も注目を集めているのが村山《むらやま》兄弟だ。

今年8月の北京世界選手権では兄・謙太《けんた》が1万m代表、弟・紘太《こうた》が5000m代表に選ばれ、ふたり揃《そろ》って〝世界〟の舞台に立っている。

ふたりは高校まで同じチームに所属しており、当時は記録・実績ともに兄・謙太が上回っていた。謙太は夏のインターハイ5000m8位入賞。その後、5000mで高校歴代7位の13分49秒45、1万mで同3位の28分23秒18をマークしている。

紘太は5000mのベストが14分04秒18だった。

1学年上の設楽《したら》兄弟（啓太《けいた》、悠太《ゆうた》）、同学年の市田《いちだ》兄弟（孝《たかし》、宏《ひろし》）と松村《まつむら》兄弟（優樹《ゆうき》、和樹《かずき》）はともに同じ大学に進学するが、村山兄弟は違《ちが》う道を選ぶ。当時から、「大学は別々で、実業団では同じチームに行こう」という約束をしていたのだ。兄・謙太はロードや駅伝などスタミナ系の練習を重視する駒澤《こまざわ》大学に、弟・紘太はトラックのスピード系練習をメインにする城西《じょうさい》大学に進学。タイプの異なるトレーニングを吸収した後、その情報を共有するつもりでいた。

謙太は日本インカレ5000mで〝1年生V〟に輝くと、駅伝でも大活躍。3年時には出雲《いずも》（3区）と全日本（4区）の両駅伝で区間新記録をマークするなど、駅伝王者・駒澤大学のエースとしてライバル校に恐《おそ》れられた。3年時2月の丸亀《まるがめ》ハーフマラソンでは1時間0分50秒の日本学生記録も樹立している。

紘太は持ち味のスピードを磨き、徐々《じょじょ》に力をつけた。大学4年時には日本選手権の5000mで2位に食い込《こ》み、アジア大会の代表に選出。本番では13分34秒57の自己ベストで5位入賞を果たす。1500mでも日本歴代9位の3分39秒56を刻むと、箱根駅伝予選会20㎞で日本人歴代最高となる58分26秒をマークするなどマルチな活躍を見せた。

ふたりは大学卒業後、宗猛が総監督を務める名門・旭《あさひ》化成《かせい》に入社。ともに「2020年の東京五輪のマラソン」を最大の目標に掲《かか》げて取り組んでいる。

今年5月のゴールデンゲームズｉｎのべおかでは揃って快走した。まずは紘太が5000ｍで13分19秒62（日本歴代8位）と世界選手権参加標準記録を破ると、その後に行われた1万ｍで謙太が27分39秒95（日本歴代6位）とこちらも同参加標準記録を突破したのだ。

紘太は日本選手権でも5000ｍで大迫傑をラストスパートで蹴散《けち》らし、初優勝。4月の織田《おだ》記念1万ｍで日本人トップの成績を挙げていた謙太とともに世界選手権の代表を手にした。北京ではふたりとも世界のレース展開に対応することはできなかったものの、まだ22歳。村山兄弟にとっての〝本番〟はこれからだ。

当初ふたりともリオ五輪までトラックに集中する予定だったが、東京五輪のマラソンで活躍するために、今冬からマラソンに挑戦するプランもあるという。トラックではかつての宗兄弟以上のインパクトを見せている村山兄弟がマラソンでどんな走りを披露《ひろう》するのか。固い絆《きずな》で結ばれる〝双子パワー〟の爆発力に期待したい。

村山謙太（むらやま・けんた）

1993年2月23日生まれ、宮城県仙台市出身
明成《めいせい》高校→駒澤大学→旭化成
5000m　13分34秒53（2014年）
1万m　27分39秒95（2015年）＝日本歴代6位
ハーフマラソン　1時間0分50秒（2014年）
＝日本学生記録（日本歴代4位）

村山紘太（むらやま・こうた）

1993年2月23日生まれ、宮城県仙台市出身
明成高校→城西大学→旭化成

1500m　3分39秒56（2014年）＝日本歴代9位
5000m　13分19秒62（2015年）＝日本歴代8位
1万m　28分12秒31（2015年）
20㎞　58分26秒（2014年）

別々のチームに進んだ設楽兄弟のライバル意識

設楽兄弟も日本を代表する双子ランナーだ。こちらは村山兄弟とは違い、大学までチームメイト。現在は兄・啓太がコニカミノルタ、弟・悠太はHondaと別々のチームで世界を目指している。

武蔵越生《むさしおごせ》高校時代から注目を集めていた設楽兄弟は、箱根駅伝2連覇中の東洋大学に進学。1万mで27分台をマークするなど、鉄紺《てっこん》軍団の〝Wエース〟として大活躍した。

箱根駅伝では、兄・啓太が1年時から3年連続で花の2区を任され、安定した走りを見せる。4年時にはライバル校も驚《おどろ》く5区での起用にもしっかり対応。往路Vのゴールテープを切ると、日本体育大学・服部翔大《はっとりしょうた》を1秒抑えて、区間賞も獲得した。

弟・悠太は箱根駅伝で3度の区間賞をゲットしている。2年時には7区で佐藤悠基の記録を破って、区間新を叩き出す。3年時は3区で早稲田大学・大迫傑を抑えて区間賞。4年時は3区でダントツの区間賞を奪い、トップを突《つ》き抜けた。

ふたりの活躍もあり、東洋大学は4年間で2度の総合優勝に輝いている(あとは2位)。

大学までは兄・啓太の方が記録面でも直接対決でも上だったが、社会人になってからは逆転現象が起きている。2015年のニューイヤー駅伝で、ふたりは揃って最長区間の4区(22㎞)に出走。啓太が3人抜きでトップを奪うと、悠太は10位から4位まで順位を押し上げ、区間新で区間賞を獲得したのだ。

悠太にとって、兄と別々のチームを選んだことは、「啓太には負けないよ」というメッセージだったのかもしれない。

2015年シーズンは悠太がさらに力をつけた。5000mと1万mで兄の自己ベストを上回ると、日本選手権の1万mで2位に食い込み、北京世界選手権に出場。啓太よりも先に〝世界デビュー〟を果たしている。

トラックと駅伝ではすでに日本トップクラスの実力を誇るふたりは、マラソンでどんな結果を残すのか。〝仲間意識〟が強い村山兄弟と、お互《たが》いを〝ライバル視〟する設楽兄弟。「最速ツインズ」を懸《か》けた〝兄弟対決〟がヒートアップすると、日本マラソン界も盛り上がるに違いない。

設楽啓太（したら・けいた）

1991年12月18日生まれ、埼玉県大里《おおさと》郡寄居《よりい》町出身
武蔵越生高校→東洋大学→コニカミノルタ
5000m　13分40秒32（2014年）
1万m　27分51秒54（2013年）
ハーフマラソン　1時間1分12秒（2015年）＝日本歴代10位

30km　1時間29分55秒（2013年）＝学生歴代2位

設楽悠太（したら・ゆうた）

1991年12月18日生まれ、埼玉県大里郡寄居町出身
武蔵越生高校→東洋大学→Honda
5000m　13分34秒68（2015年）
1万m　27分42秒71（2015年）
ハーフマラソン　1時間1分48秒（2012年）

3代目〝山の神〟の未来予想図

2015年正月の箱根駅伝でヒーローとなったのは、5区を駆け上った神野大地《かみのだいち》（青山学院大学）だ。そのタイムは1時間16分15秒。関係者のなかに〝衝撃《しょうげき》〟が走った。

山上り5区は、函嶺洞門《かんれいどうもん》の通行禁止に伴《ともな》い、一部コースが変更された。距離の再計測により、従来の23・4kmから23・2kmになったが、実際は従来の距離よりも約20m長いコース。東洋大学・柏原竜二《かしわばらりゅうじ》が樹立した1時間16分39秒の区間記録は参考扱《あつか》いになるとはいえ、神野は間違いなく〝神〟の記録を超《こ》えたからだ。

神野でトップを奪った青山学院大学は、そのまま復路も突っ走り、驚異的なタイムで初の総合優勝に輝いた。そして、身長164cm、体重43kgの小さなヒーローは、爽《さわ》やかな笑顔を見せた。

「高校時代から坂道は苦手意識があったんです。坂ダッシュなんて遅いですよ。でも、箱根5区のように上り坂が続くようなコースは、山の適性よりも、我慢強さが一番ポイントになると思っていました。それに体重は軽い方が、ダメージは少ないはずです。自分は体重が43kgなので、53kgの選手は10kgのダンベルを持って走っていると思えば、有利になりますからね。我慢《がまん》強さには自信があったので、そこは柏原さんよりも上だったのかな」

天下の険をスイスイと征服《せいふく》した神野だが、中学時代の3000mベストは10分27

秒。県大会の出場すら遠い選手だった。中京大中京高校に入学した当初は、同学年の女子よりも遅かったが、高校でメキメキと力をつける。

高校3年間の目標だった「5000m14分台」を2年生の5月に達成すると、3年時には5000mでインターハイに出場。青山学院大学のスポーツ推薦枠《すいせんわく》も勝ち取り、〝夢〟はさらに広がった。

大学では2年生で箱根駅伝〝花の2区〟に起用されて、区間6位と好走。翌2015年は〝山の神〟として降臨する。そして、2月の丸亀国際ハーフでは1時間1分21秒という日本人学生歴代3位の好タイムを出して、山だけでなく、平地でも強いことを証明した。

今季はキャプテンとして快進撃《かいしんげき》を続けるアオガクを引っ張ってきたが、2度の疲労《ひろう》骨折で出遅《でおく》れた。それでも、最後の箱根では再び5区で存在感のある走りを見せてくれるだろう。

来春にはコニカミノルタへの入社を予定しており、東京五輪のマラソンをターゲットに、準備を始める。本人も認める「我慢強さ」は、マラソンで武器になるだろう。筋肉量が多いと暑さへの対応が難しいが、神野は女子選手並みの軽量ボディ。夏マラソンで活躍する可能性も高い。今井正人のように〝山の神〟からマラソンのヒーローを目指す。

神野大地（かみの・だいち）

1993年9月13日生まれ、愛知県津島《つしま》市出身
中京大中京高校↓青山学院大学
5000m　14分04秒58（2013年）
1万m　28分41秒48（2013年）
ハーフマラソン　1時間1分21秒＝日本人学生歴代3位

今冬〝初マラソン〟に挑む鉄紺軍団の絶対エース

マラソンは実業団に進んでからという神野大地と違い、大学在学中から「東京五

輪のマラソン」を意識して取り組んでいるのが服部勇馬《はっとりゆうま》（東洋大学）だ。しかも、かなり明確に。

服部は大学2年2月の熊日30㎞ロードレースで大学の先輩・設楽啓太の記録を1分以上も塗り替えて、1時間28分52秒の学生新記録を樹立。マラソン〝次世代のエース候補〟として脚光《きゃっこう》を浴びた。そして、マラソン初挑戦《ちょうせん》に向けて、アクションを起こし続けている。

新潟県出身の服部は、中学時代から全国大会で活躍して、宮城県の名門・仙台育英高校に越境入学。高校2年時に1万mで28分58秒08をマークすると、全国高校駅伝でも1区で区間3位と長い距離への適性を見せていた。3年時には5000mで13分台に突入して、インターハイの5000mでも5位入賞（日本人2位）を果たしている。

東洋大学ではルーキーイヤーから主要区間に抜擢されて、2年時には箱根駅伝2区で区間3位と好走。翌年の箱根は2区で区間賞を獲得した。そして、昨季は2月の東京マラソンにチャレンジする予定だった。その理由は東京五輪から逆算した場合、リオ五輪の選考レースに代表を狙《ねら》える状態で参戦したいという気持ちがあったからだ。その前に1度マラソンを経験しておき、翌年に〝勝負〟すると。

箱根2区で区間賞に輝いたこともあり、服部のマラソン挑戦にメディアも注目したが、直前に右アキレス腱の付着部に炎症《えんしょう》を起こして、出場を見送った。

ケガの影響で今季は出遅れたものの、夏には完全復活。7月のホクレンシリーズで5000m（13分36秒76）と1万m（28分09秒02）で自己ベストをマークしている。

来春にはトヨタ自動車への入社を予定している服部だが、2月に行われる東京マラソンの参戦を予定。今季は夏合宿からマラソンを意識したトレーニングを続けている。

「自分は2時間8〜9分台を狙っているわけではなくて、5年後の東京五輪に向けて本気でマラソンをやりたい。そのために、去年からちょっとずつ準備しているわけです。大学生だからこれぐらいでいいやという考えはありません。同じスタートラインに立ったら周りは全員ライバルです」

服部の言葉にはマラソンにかける〝熱い気持ち〟がみなぎっている。

1学年下の弟・弾馬《はずま》も将来が楽しみな選手だ。兄・勇馬のような安定感はないが、スピードが魅力の選手。今季は1500mで3分42秒06の東洋大記録を樹立すると、9月の日本インカレ5000mでは圧巻のキック力を披露《ひろう》した。3人のケニア人留学生と高校時代のチームメイトである一色恭志《いっしきただし》（青山学院大学）を渾身《こんしん》のスパートで蹴散らして、13分38秒45の自己ベストで優勝をさらったのだ。今年11月の全日本大学駅伝2区でも歴代3位の好タイムで区間賞を獲得。トラックで世界大会を狙える実力をつけつつある。

少しタイプの異なる服部兄弟だが、ともに〝東京五輪の星〟として、さらに輝きを増してくれるだろう。

服部勇馬（はっとり・ゆうま）
1993年11月13日生まれ、新潟県十日町《とおかまち》市出身
仙台育英高校→東洋大学

5000m　13分36秒76（2015年）
1万m　28分09秒02（2015年）
ハーフマラソン　1時間3分37秒
30km　1時間28分52秒（2014年）＝日本学生記録（日本歴代3位）

女子マラソン界に飛び出したニューヒロイン

今年3月に行われた名古屋ウィメンズマラソン2015。当時、23歳だった前田《まえだ》彩里《さいり》（ダイハツ）が〝シンデレラガール〟になった。2度目のマラソンとなった前田は15km地点の給水所で転倒《てんとう》。シューズこそ脱《ぬ》げなかったものの、左膝《ひざ》を流血して、左腕《うで》の靭帯《じんたい》も損傷した。

ヤバいと思った前田だが、「私コケてると思ったらおもしろくなっちゃって」と、すぐにメンタル的なダメージを吹き飛ばすと、前を追いかける。そして、2時間22分48秒でフィニッシュ。日本女子では7年4カ月ぶりに2時間23分の壁を突破して、日本歴代8位の快走劇を見せたのだ。

北京世界選手権は13位に終わったものの、そのポテンシャルは陸上界で高く評価されている。

前田は中学から陸上を始めると、熊本信愛女学院高校2年生のときに全国高校駅伝1区で区間5位と好走。高校卒業後は京都にある佛教大学に進学した。全日本大学女子駅伝や富士山女子駅伝などで活躍するも、最もインパクトを残したのは大学卒業前の1月に出場した大阪国際マラソンだった。

マラソン練習は30㎞走を3本やっただけで、「卒業記念」として軽い気持ちで出場。30㎞以降は未知の世界のはずだったが、後半にペースアップして、赤羽有紀子《あかばゆきこ》に次ぐ日本人2番手の4位でゴールを迎えることになる。タイムは2時間26分46秒の日本学生新記録だった。

ちなみにこのレースには、母・淳子《じゅんこ》さんも市民ランナーとして出場し、2時間55分24秒をマーク。親子の合計タイム5時間22分10秒はマラソンのギネス記録（5時間30分21秒）を上回るものだった。

大学卒業後はダイハツに入社。ナショナルチームにも選ばれ、本格的にマラソン練習に取り組んだ。そして今年3月の名古屋ウィメンズでは、中間点を1時間11分09秒で通過する高速レースに食らいつき、2度目のマラソン挑戦で世界への切符《きっぷ》をつかんでいる。

木﨑良子《きざきりょうこ》、中里麗美《なかざとれみ》ら世界大会代表を育ててきた林清司《はやしきよじ》監督（ダイハツ）は、「エネルギー効率が良くて、少しのエネルギーでたくさん走れる。マラソンに対する適性能力がものすごく高い」と前田の可能性を話す。標高1700mの米国・アルバカーキで行った30km変化走でも林監督が「凄《すご》い」と表現する走りを見せている。

他に有力な若手選手が少ないこともあり、24歳の前田には〝日本のエース〟として期待が高まっている。4年半後の東京五輪はもちろんだが、まずは来年のリオ五輪で結果を残して、10年以上も動きのない日本記録（2時間19分12秒）にチャレンジしてもらいたい。

前田彩里（まえだ・さいり）

1991年11月7日生まれ、熊本県菊池《きくち》郡大津《おおづ》町出身
熊本信愛女学院高校→佛教大学→ダイハツ
5000m　15分32秒22（2012年）
1万m　32分03秒43（2014年）
ハーフマラソン　1時間10分24秒（2015年）
マラソン　2時間22分48秒（2015年）＝日本歴代8位

名古屋大学出身の才女が日本マラソン界を救うか!?

日本勢が惨敗《ざんぱい》した2015年の北京世界選手権。そのなかで唯一、本番で自己ベストを塗り替えた選手がいる。それが女子5000mに出場した鈴木亜由子《すずきあゆこ》（日本郵政グループ）だ。予選を潜《くぐ》り抜けると、決勝では9位と大健闘《けんとう》した。

鈴木の才能は中学時代からキラキラに輝いていた。2年生で全日本中学校選手権の800mと1500mの2冠を達成。3年時はゴール前で転倒し800mは5位

に終わったものの、1500mで連覇を果たす。秋には3000mで中学歴代2位となる9分10秒71をマーク。陸上界で〝天才少女〟と注目を集めた。

学力も優秀だった鈴木は、地元の進学校である時習館《じしゅうかん》高校に進学した。高校時代は故障に悩《なや》まされたこともあり、高校3年生のインターハイ3000m8位入賞が最高成績だった。高校時代の自己ベストは1年時に1500mを2秒更新しただけ。こういう成長曲線を描く選手は、大学で消えてしまうことが多いが、鈴木は違った。

名古屋大学経済学部に現役合格すると、大学で再びその才能を発揮したのだ。1年時の世界ジュニア選手権5000mで5位入賞。2年時と3年時には、日本インカレ5000mで連覇を達成した。4年時にはユニバーシアードの5000mで銀メダル、同1万mでは金メダルを獲得している。

大学卒業後は、創部したばかりの日本郵政グループに1期生として入社した。夏に米国・ボルダーで初めて本格的な長期合宿を経験すると、帰国3週間後の3000mで大幅更新となる自己ベスト8分58秒08をマーク。中学3年生以来8年ぶりの自己記録更新だった。

その後も鈴木の勢いは止まらず、全日本実業団対抗選手権5000mで、翌年の北京世界選手権の参加標準記録を突破する15分14秒96の自己ベスト。かつての〝天才少女〟が、シニアの舞台でも旋風《せんぷう》を巻き起こした。

今季は日本選手権5000mで3位に入り、北京世界選手権の代表に選出。5000m予選は着順で通過できなかったものの、プラスのタイムで拾われた。同決勝では、尾西美咲《おにしみさき》（積水化学）と先頭集団を引っ張り、積極的なレースを見せる。途《と》中《ちゅう》アフリカ勢のスピードアップに付けなかったが、上位をキープ。最後の直線でオランダの選手と激しく競《せ》り合った末に惜敗《せきはい》して、0・29秒差で「入賞」を逃した。

とはいえ、初の世界大会で9位。しかも決勝で自己ベストを6秒以上も更新する15分08秒29（日本歴代5位）の快走は、今後の飛躍を予感させた。

鈴木は9月の全日本実業団対抗選手権1万mでも31分48秒18の自己ベストで優勝。リオ五輪の参加標準記録を突破している。マラソン挑戦については未知数だが、鈴木は前田彩里と同学年の24歳。ふたりで女子長距離・マラソン界を引っ張り、4年半後の東京五輪を沸《わ》かせてほしい。

鈴木亜由子（すずき・あゆこ）

１９９１年10月８日生まれ、愛知県豊橋《とよはし》市出身
時習館高校→名古屋大学→日本郵政グループ
３０００ｍ　８分58秒08（２０１４年）
５０００ｍ　15分08秒29（２０１５年）＝日本歴代５位
１万ｍ　31分48秒18（２０１５年）

名伯楽・小出監督が才能を認めた〝19歳ランナー〟

19歳ながら北京世界選手権５０００ｍに出場したホープが、鷲見梓沙《すみあずさ》（ユニバーサルエンターテインメント）だ。豊川《とよかわ》高校時代に才能を開花させて、世界まで一直線だった。

鷲見は豊川高校時代から世代のトップ選手として活躍した。高校1年時に3000mで9分11秒30をマークすると、全国高校駅伝の3区（3㎞）で16年ぶりとなる区間新記録（9分21秒）を樹立。2年時の同大会では、5区（5㎞）で15分37秒（日本人歴代5位）の好タイムで突っ走り、優勝のゴールテープに飛び込んでいる。翌年もアンカーを務めて、都大路では〝3年連続区間賞〟の快挙を達成した。

高校を卒業して、今年春には女子実業団の強豪・ユニバーサルエンターテインメントに入社。現在は、有森裕子《ありもりゆうこ》、高橋尚子《たかはしなおこ》、新谷仁美《にいやひとみ》らを育てた小出義雄《こいでよしお》監督のもとで練習を行っている。マラソンの名伯楽《はくらく》が「鷲見はいい。あいつが日本記録を出すまでは死ねないよ」と話すほどの逸材《いつざい》は、すぐに結果を出した。

6月の日本選手権5000mで2位に食い込むと、翌月のホクレンディスタンス北見大会5000mで世界選手権の参加標準記録を突破する15分17秒62（ジュニア日本歴代3位）をマーク。土壇場《どたんば》で〝北京ゆき〟のチケットをゲットした。

本番では世界のレベルに圧倒されたが、まだ19歳。あの小出監督が「東京五輪のマラソン金メダルを狙える」と惚《ほ》れ込む鷲見はこれからどんな進化を遂げていくのか。若き才能と、世界大会のマラソンで5つのメダルをもたらした名伯楽。ふたりの〝化学反応〟を楽しみにしたいと思う。

鷲見梓沙（すみ・あずさ）

１９９６年８月12日生まれ、愛知県豊明《とよあけ》市出身
豊川高校→ユニバーサルエンターテインメント
１５００ｍ　４分17秒49（２０１３年）
３０００ｍ　９分00秒89（２０１４年）＝高校歴代４位
５０００ｍ　15分17秒62（２０１５年）＝ジュニア日本歴代３位

日本の陸上界を変えつつある〝ハーフアスリート〟

今後の日本マラソン界を変える存在になるかもしれない。中学時代から数々の実績を残してきた高校3年生、高松望《たかまつのぞみ》ムセンビ（大阪薫英《くんえい》女学院高校）にも注目した

い。

ムセンビはケニア人と日本人のハーフで、父マクセル・ムセンビさんは2001年長野マラソンで優勝経験もあるランナーだ。2歳年下には智美《ともみ》ムセンビがおり、こちらも姉と同様に全国大会優勝のキャリアを持つ。

ムセンビは中学入学後すぐに才能を発揮し、800m・1500m・3000mの中長距離3種目すべてで中1歴代最高タイムを樹立。特に3000mの9分22秒9というタイムは従来の記録を22秒も上回るケタ違いの大記録だった。その後もタイムを伸ばして、1500m（4分20秒64）と3000m（9分13秒43）で中学歴代4位の記録を残した。

系列校である大阪薫英女学院高校に入学後は、世界の舞台でも活躍する。2年時に20歳未満で争われる世界ジュニア3000mで4位に入る大健闘。ユース五輪3000mでは金メダルを獲得した。

現在18歳のムセンビが4年後、マラソンを走っているかは微妙《びみょう》なところだが、潜《せん》在《ざい》能力を考えると期待せずにはいられない。

ムセンビだけでなく、近年は「ハーフアスリート」が急増している。同じ陸上競技でいえば、男子短距離のサニブラウン・ハキーム（城西高校）が有名だ。他にも野球、サッカー、バスケ、バレー、柔道などでもハーフ選手が躍動している。

ＮＨＫの特集番組でも紹介されたが、黒人スプリンターは太腿《ふともも》を持ち上げ、体幹の安定性を支える「大腰筋《だいようきん》」のボリュームが、日本人トップスプリンターと大きく違っていた。他にも20代男性を比較した場合、白人の方が日本人よりも２〜３％は筋肉の量が多いというデータがあるなど、人種によって、優れた部分が異なる。

東京大学大学院で運動生理学を研究する石井直方《いしいなおかた》教授によると、「遺伝学の原則は、遺伝子をミックスするのは強い子孫をつくっていくことが目的」だという。すなわち、日本人と外国人の子供は、それぞれの長所を兼ね備えている可能性が高いのだ。

ムセンビが他のハーフアスリートと違うのは、ケニア流のマラソンメソッドを持っている父親の指導を受けていることだろう。才能だけでなく、ノウハウも日本とケニアの良い部分をチョイスできるのも大きい。

1964年東京五輪から半世紀が経過し、グローバル化が進む日本のスポーツ界。2020年東京五輪では〝ハーフランナー〟が「メダル」をもたらしてくれるかもしれない。

高松望ムセンビ（たかまつ・のぞみ・むせんび）

1997年8月31日生まれ、ケニア出身

大阪薫英女学院高校

1500m　4分17秒89（2015年）

3000m　9分01秒58（2014年）＝高校歴代8位

第6章

東京五輪のマラソンでメダルを獲得する方法

世界大会の代表選考が揉める理由

これまで日本マラソン界が抱《かか》える問題点などを指摘《してき》してきたが、ここからは東京五輪のマラソンで「メダル」を獲得《かくとく》するために何をすべきなのか。具体的なアイディアを考えていきたいと思う。

まずは「代表選考」について。本番で活躍《かつやく》してもらうためには、非常に重要なファクターだ。しかし、オリンピックや世界選手権の選考は毎回のように揉《も》めている。もう20年以上も前の話になるが、ソウル五輪男子の「瀬古利彦《せことしひこ》vs工藤一良《くどうかずよし》」、バルセロナ五輪女子の「有森裕子《ありもりゆうこ》vs松野明美《まつのあけみ》」などはかなりメディアを賑《にぎ》わせた。近年もスッキリした選考になることは少ない。

今年の北京《ペキン》世界選手権の女子選考も荒《あ》れ模様だった。代表切符《きっぷ》を手にしたのは、前田彩里《まえださいり》（ダイハツ）、伊藤舞《いとうまい》（大塚《おおつか》製薬）、重友梨佐《しげともりさ》（天満屋《てんまや》）の3人。名古屋ウィメンズで2時間22分48秒という好タイムで3位に入った前田は「当確」と見られていたが、残り「2枠《わく》」が納得《なっとく》できる状況《じょうきょう》ではなかったのだ。

伊藤は前田と同じ名古屋ウィメンズを走って、2時間24分42秒で4位（日本人2位）。重友は大阪国際に出場して、2時間26分39秒の3位（日本人トップ）。一方〝次点〟となった田中智美《たなかともみ》（第一生命）は、横浜国際を2時間26分57秒で優勝していた。

代表が発表されたとき、筆者は「あれ？　おかしいぞ」と思ったが、それは多くの記者も同じだった。会見では、ロサンゼルス五輪女子マラソン代表で解説者の増《ます》田明美《だあけみ》が、「田中さんは優勝しているし、レース内容も良かった。これでいいんでしょうか？」と疑問を投げかけている。

そのときの日本陸連の回答を要約すると、「勝つことよりも世界で戦う意識を見せることが大切。田中選手の優勝は評価できるが、序盤《じょばん》で先頭集団から遅《おく》れるなど世界と戦うには物足りない。それに比べて重友選手は、設定記録（2時間22分30秒）を目指して積極的にレースしたことが評価できる」というものだった。しかし、こんな回答で納得できるわけがない。「レース内容で選ぶとなると、いくらでも理由はつけられる。それよりも勝つことが大切だと思いますよ」と問題視する実業団監督《かんとく》もいた。

伊藤に関しては、タイムで重友と田中を上回っており、〝2人目〟という位置づけだったが、これも不満が残る。名古屋ウィメンズは他のレースと比べて、明らかに条件が良かったからだ。しかも、前田に2分近くも引き離《はな》されている。そもそも気象条件、コース、走る相手も違《ちが》うレースで、タイムを評価するのは間違っている。ちなみに筆者が選考する立場だったら、好タイムの前田と、優勝した田中を選んで、伊藤と重友の両名で最後の1人を決める。これが「普通の感覚」だと思うが、皆《みな》さんはどう感じるだろうか？

同じようなシチュエーションとしては、アトランタ五輪の女子選考が挙げられる。前年8月のイエテボリ世界選手権、同8月の北海道、同11月の東京国際、同年1月の大阪国際、同3月の名古屋と5レースが選考の対象になっていた。イエテボリ世界選手権は「メダルを獲得した日本人トップ」で内定も該当《がいとう》者はなし。

残りは4レース。北海道は有森裕子が2時間29分17秒の大会新（当時）で貫禄《かんろく》勝ち、東京国際は浅利純子《あさりじゅんこ》が38㎞付近で転倒《てんとう》しながら、原万里子《はらまりこ》を逆転して2時間

28分46秒で優勝。大阪は鈴木博美《すずきひろみ》が2時間26分27秒の日本人トップ（当時初マラソン日本最高記録で2位）で、名古屋は真木和《まきいずみ》が2時間27分32秒で制している。最終的にはタイムが一番良かった鈴木が外れた。選ばれた有森、浅利、真木の3人は選考レースで優勝しているが、鈴木は2番だった。タイムやレース内容ではなく、「勝負強さ」が最重要視されたのだ。

それが北京世界選手権では選考基準が一転する。主要レース唯一《ゆいいつ》の優勝者が外れて、多くの関係者が、「なんで？」となったわけだ。

実は北京世界選手権の代表選考では、有力候補だった4選手のうち、文句なしに選ばれた前田を除く3選手の指導者が全員「強化委員」に名前を連ねている。女子マラソンの強化部長は武冨豊《たけとみゆたか》（天満屋）で、副部長が河野匡《かわのただす》（大塚製薬）と山下佐知子《やましたさちこ》（第一生命）。すなわち、〝選考する側〟にいたはずなのだ。

ちなみに彼らの誕生年を入れるとこうなる。武冨（1954年）、河野（1960年）、山下（1964年）。山下は協会員のなかで数少ない女性のひとりで、年齢《ねんれい》的にも3人のなかで一番若い。〝発言力〟が小さかったのではと思ってしまう。目ざとい陸上ファンのなかには、「指導者の力関係が選考に出たな」と揶揄《やゆ》する人もいるほどだ。

山下は選考後、自身のツイッターに、「田中智美が世界で戦うには力不足なのは謙虚《けんきょ》に受け止めねばと思いますが、今回の選考理由はまだ受け入れられません。」と書き込んでいる。選考する立場の人間が納得できないような選考でいいわけがない。

以前から米国のように「一発選考」がいいのでは？ という声もあるが、複数の大会を選考レースにしているのは、テレビの放映権や大会スポンサー料も絡《から》んでいる。仮に一発選考にしてしまうと、「選考レース」ではない大会に選手が集まらず、テレビ局側も困ってしまう。日本陸連としても、貴重な「収益」（強化費）に悪影《えい》響《きょう》が出るのは望まないし、広く露出《ろしゅつ》するという意味では、1つのレースよりも複数レースの方がマラソン人気の発展につながるという考えではないだろうか。

オリンピックは4年に一度だけ。アスリートの年齢を考えると、チャンスは数回しかない。主役であるはずの選手が納得できて、しかも世界で戦える選手を選ぶ

〝選考基準〟を設けることが、オリンピックの「メダル」につながると思っている。

リオ五輪選考の「基準」をチェックする

日本陸連は今年7月にリオ五輪のマラソン代表(男女各最大3枠)の選考要項を発表している。男女とも、北京世界選手権で8位以内に入った日本人最上位者は代表に内定するとしており、男子は該当者なし、女子は7位に食い込《こ》んだ伊藤舞(大塚製薬)が内定。11月~3月に行われる選考レースで、男子「3」、女子「2」の代表選手を決めることになる。

代表メンバーの編成方針は「メダルを含《ふく》めた複数入賞」を目指すこと。国内の選考会は男子が福岡国際(12月)、東京(来年2月)、びわ湖(同3月)。女子はさいたま国際(11月)、大阪国際(来年1月)、名古屋ウィメンズ(同3月)。それぞれ日本人3位以内の競技者が選考対象となる。そのうち、日本陸連設定記録(男子は2時間6分30秒、女子は2時間22分30秒)を有効期限内(来年3月13日)に突破《とっぱ》した者を優先的に1名だけ選出。その他は、各選考会での記録、順位、レース展開、タイム差、気象条件などを総合的に判断して、本大会で活躍が期待できる選手が選考されることになる。

注意点としては「追試」は認められない。国内選考レースを複数走った場合は、最初のレースしか選考対象にならないのだ。ただし、2回目以降のレースでも設定記録を突破した場合のみ評価されるという。

選考レースでのペースメーカーの有無や設定タイムについては、国内選考レース初戦のさいたま国際までに関係者に伝えられるという。日本陸連は設定記録に近いペース設定を大会主催者《しゅさい》に要請《ようせい》するが、最終判断は主催者側に委ねられることを考えると、各レースのペースは揃《そろ》わないと見た方がいいだろう。そもそもコースも気象条件も違うので、ペースを合わせることに無理がある。

現状を考えると、設定記録突破者は出そうになく、基本的には従来の選考要項と大きく変わらない。男子は9人のなかから3人、女子は9人のなかから2人を選ぶことになる。リオ五輪の代表選考も揉めそうだ。

女子は1名が内定しているので、日本人3位以内ではなく、「2位以内」に変更《へんこう》すべきだろう。このままでは、日本陸連が直接勝負で負けた選手を選ぶ可能性を残しているという見方もできる。またしても、「レース内容が良かった」というわけの分からない〝力〟が働いてしまわないか非常に心配だ。

ブラジル・リオデジャネイロは日本の裏側。8月は「冬」であるものの、平均最高気温は26度（日平均気温は22度）と高く、暑さのなかでの戦いとなる。第3章でも書いた通り、当初は「マラソン・ナショナルチーム」のメンバーに入ると、選考時での「優位性」があるはずだったが、撤廃《てっぱい》された。今回も〝暑さ〟への適性は「参考基準」に入らない。

こんな選考方法で選手が納得できるのか。そして、本番で戦える選手を選ぶことができるのだろうか。筆者はそう思わない。

オリンピックで活躍できるランナーを選ぶ方法

リオ五輪の代表選考については決定事項なので、あとは問題が起きないことを祈《いの》るばかりだ。しかし、2020年東京五輪についての「選考基準」は決まっていない。そこで、東京五輪で「メダル」を狙《ねら》うためにどんな選考をすべきなのか。男子を例に具体案を出していきたい。

①2019年米国・ユージーン世界選手権のマラソンでメダルを獲得した日本人最上位者を内定とする（他のメダル獲得者も有力）。入賞者までを選考対象者とする。

リオ五輪の選考では「8位以内の日本人最上位」で内定だったが、「メダル」を狙うとすれば、当然同じだけの〝順位〟が必要となる。東京五輪の1年前の世界大会で活躍した選手を選ぶことは、本番で活躍できる可能性が最も高い。勝負強さと、夏マラソンの適性があることを証明しているし、1年かけて本番に向けて準備ができるというメリットもあるからだ。メダル獲得者が複数でた場合は、2番目以降の選手を「有力候補」としておくことと、入賞者までを選考対象とすることで、最終選考の材料にできる。

②2月に行われる東京マラソンを10月下旬《げじゅん》に実施。特別レースとして東京五輪本番のコースを使用する。ペースメーカーはつけず、日本人トップになった選手を内定とする。

10月末に行うことで、夏マラソンに比較的近い状況でのレースが可能になる。本番コースを走ることになれば、世界から強豪《きょうごう》の参加も見込めるだろう。ペースメーカーをつけないことで、〝本番〟に近いガチンコ対決となる。タイムの期待は薄《うす》いが、「強い」選手を選ぶことができる。なお、3位以内までを選考対象とすることで、日本人2位、同3位の選手も最終選考の材料にできる。東京マラソンは、一般市民も参加できるため、五輪コースを走れることは多くのマラソンファンの喜びとなるはずだ。

③12月の福岡国際、3月のびわ湖を重要参考レースとして、日本人3位以内の競技者が選考対象となる。①と②の選考対象者を含めて、過去の実績、夏マラソンの適性、将来性なども考慮して、「日本陸連推薦《すいせん》」として残り1～2名の代表を選ぶものとする。

①と②は「内定」基準がハッキリしており、選手選考の〝可視化〟になる。③に関しては、「日本陸連推薦」というかたちでプロの目に委ねるのが望ましいと思う。実力で代表を勝ち取るには、世界選手権でメダルを獲得するか、東京マラソンで日本人トップになるか。それは非常に分かりやすいし、即時《そくじ》「内定」を出せるため、本番までの準備期間を長く設けることもできる。また、これまで使用されていない「日本陸連推薦」という名前にすることで、日本陸連側も〝選びたい選手〟を優先

的に選出することもできる。

選手側も不透明《ふとうめい》なジャッジに泣かされるリスクは少なくなるし、本番で戦える選手も選ぶことができるシステムだと思うが、いかがだろうか?

箱根駅伝の5区をマラソンコースに使用せよ

ここからは具体的に東京五輪のマラソンで「メダル」を獲得するための方法を考えていきたいと思う。まずは突拍子《とっぴょうし》もない〝提案〟をしてみたい。それはマラソンコースに箱根駅伝の5区のコースを組み込むことだ。

箱根駅伝の5区はご存知「山上り」の区間。日本人なら誰《だれ》もが知っているコースだが、外国人にとっては全く〝未知の世界〟となる。

箱根5区は23・2㎞で、その前の4区は18・5㎞。2区間を足すと41・7㎞とフルマラソンの距離に近い。すなわち、茅ヶ崎《ちがさき》から箱根・芦ノ湖《あしのこ》へ向かうワンウェイコースにするのだ。前半は比較的フラットで、中間点を越《こ》えたあたりから上り続けて、国道一号の最高地点（標高８７４ｍ）に到達《とうたつ》。そこからはダウンヒルコースで、フィニッシュを迎《むか》えることになる。

なにせ日本にはタレントが揃っているのが強みだ。箱根の5区で活躍した選手といえば今井正人《いまいまさと》（トヨタ自動車九州）、柏原竜二《かしわばらりゅうじ》（富士通）、服部翔大《はっとりしょうた》（Ｈｏｎｄａ）、設楽啓太《したらけいた》（コニカミノルタ）らがいて、現役大学生では、神野大地《かみのだいち》（青山学院大学）もいる。〝山の神〟総出演の豪華メンバーを組むことができる。

ケニアやエチオピアの選手はクロスカントリーで絶対的な強さを誇るが、箱根5区のようにひたすら上るような道はそれほど得意ではない。しかも、フルマラソンの後半に〝あの坂〟が待っているわけなので、前半飛ばすのも躊躇《ちゅうちょ》することになるだろう。

日本勢としては、学生時代に走ったこともあるコース。前半、少し遅れたとしても、上りに入ってからの〝大逆転〟が期待できる。箱根時代の〝活躍〟を生かすことができるのだ。

しかも、これから箱根5区を走る選手は東京五輪を十分に自覚しながら、駅伝に取り組むメリットも出てくる。なお、箱根駅伝を主催する関東学連の青葉昌幸《あおばよしゆき》会長は「箱根駅伝と2020年東京五輪はセットで考えないといけない」と話しており、現在22〜24歳の選手たちは、26〜28歳で迎える地元五輪を〝最大目標〟にしているケースが多い。「箱根から世界へ」という言葉が真実味を帯びてくるはずだが、どうだろうか？

かつて〝山の神〟と呼ばれた今井正人は、「距離《きょり》は違いますが、駅伝の走りはマラソンに生かせると思います。そもそも2つが別物とも思っていません。駅伝からマラソンに転向して世界で戦うためには、スタミナ強化を含《ふく》めそれなりの体づくりはしないといけません。でも逆にそれをしっかりやれば世界でも戦える。僕もそうやって少しずつ強化してきました」と話している。

大学の指導者も箱根で勝負することだけを考えるのではなく、箱根の走りがマラソンにつながることを教えるべきだろう。たとえば、駅伝のように時差スタートで走るレースは、陸上競技の世界には存在しない。ただ、ひとりで走ることができるようになると、マラソン終盤での走りに生きてくるはずだ。苦しくなったとき、マラソンも自分の力で前を追いかけないといけない。箱根は箱根だけでなく、マラソンにもつながるという意識が大切だ。

実は東京五輪のマラソンコース案は発表されていて、残念なことに箱根5区はコースに含まれていない。新オリンピックスタジアムをスタートし、東京ドーム、皇居、日比谷公園、銀座、東京駅、秋葉原、浅草で折り返し、同じ道を戻《もど》るコースが予定されている。極端な上り坂や下り坂はない。

いたって平凡なコースという印象だが、8月の暑さを考えると、灼熱地獄《しゃくねつじごく》のなかでのレースになるだろう。本番に近いコンディションを体感するためにも、本番のコースを使ったハーフマラソンを実施するなど、少しでも選手たちにプラスの作用が働くような取り組みをすべきだと思う。

ケニア人選手の「帰化」という選択

1985年に発行された赤瀬川隼《あかせがわしゅん》の小説に『ブラック・ジャパン』というものが

ある。ソウル五輪で胸《むね》に日の丸を付けた黒人ランナーが男子マラソンで優勝するという、オリンピックとナショナリズムの問題を扱《あつか》った作品だ。前章で「ハーフアスリート」の可能性に触《ふ》れたが、30年前の〝空想〟が現実的な問題になっている。

日本のスポーツ界でいえば、ワールドカップ2015で大躍進《やくしん》したラグビー日本代表に〝外国人選手〟が多数いて驚《おどろ》いた人もいるだろう。なにせ31人のうち10人が外国人選手だった。

ラグビーは国際ルールにおいて、日本国籍《こくせき》を持たない選手でも以下のいずれかの条件を満たすことで、「代表資格」を得ることができる。①出生地が日本、②両親、祖父母のうち一人が日本出身、③日本で3年以上、継続《けいぞく》して居住している。ラグビーの場合、国籍よりも所属しているチームや、その国を優先する文化があるため、多くの外国人が桜のジャージに身を包んでいるのだ。

他のスポーツでは、ラグビーのように他国の代表になることは難しいが、近年の長距離・マラソン界では、アフリカ勢の〝アジア国籍〟取得が目立つようになってきた。それは、欧米《おうべい》への移民とはまったく違う流れだ。ランナーの実力を認められたがゆえの、〝FA移籍〟と考えていいだろう。

昨年行われた仁川《インチョン》アジア大会の女子マラソンで金メダルを獲得したユニス・ジェプキルイ・キルワ（バーレーン）はケニアから国籍を変更した選手だ。男子のアジア記録を見ても、5000m（12分51秒91）と1万m（26分38秒76）はアフリカ国籍からアジア国籍に変更した選手たちがもたらしている。

21世紀に入り、バーレーンやカタールなど中東諸国にアフリカからの〝助《すけ》っ人《と》〟が姿を現すようになった。彼らが国籍を変更した理由は、ナショナル大会の出場機会を求めると同時に、安定した収入を稼ぐことにある。

男子マラソンのアジア記録は高岡寿成《たかおかとしなり》が保持する2時間6分16秒だが、これも破られるのは時間の問題だろう。2012年のソウル国際マラソンで2時間5分37秒をマークして優勝しているケニア出身のウィルソン・ロヤナエ・エルペが韓国に帰化することがわかったからだ。

エルペは今年の慶州《キョンジュ》国際マラソンでも強風のなかを2時間7分01秒で制しており、「風さえ強くなければ、2時間4分台の記録を達成する自信があった。来年のソウル国際マラソンで2時間4分台をマークした後、リオ五輪に出場したい」と話している。

IAAF（国際陸上競技連盟）の規定によると、帰化選手がオリンピックに出場するには、帰化した国のチームで1年以上活動することが義務付けられているが、エルペはすでに韓国人風の「呉走韓《オジュハン》」という名前があり、青陽郡庁《チョンヤン》マラソンチームの一員としても活動。年俸は6000万ウォン（当時のレートで約655万円）だと伝えられている。

韓国スポーツ界からは、「メダルのために外国人を帰化させるべきではない」「自国の選手が育たない」などの声も挙がっているというが、お隣《となり》の国から思わぬ〝強敵〟が現れるかもしれない。

現状、日本ではアフリカ勢ランナーの帰化申請の話は聞いたことがない。しかし、日本の帰化条件（国籍法第5条）をチェックしてみると、①5年以上日本に住んでいること、②年齢が20歳以上であること、③素行が善良であること、④日本で暮らしていける経済力があること、などで実業団チームに所属するケニア人ランナーは

〝該当者〟がたくさんいる。

強いアフリカ人選手の「帰化」を望む、望まない、ということではなく、そういう可能性もあるんだということを知っていただければと思う。

サムエル・ワンジルの〝衝撃〟と日本人の「戦術」

世界大会で夏マラソンの概念《がいねん》を変えた男がいる。2008年の北京五輪を制したサムエル・ワンジル（ケニア）だ。優勝タイムは2時間6分32秒。日本人には信じられないタイムで灼熱の北京を突っ走ったのだ。それまでのオリンピックレコードは、ロサンゼルス五輪でカルロス・ロペス（スペイン）がマークした2時間9分21秒だから、3分近くも短縮したことになる。

ワンジルのラップタイムを振《ふ》り返ると、これまでの世界大会とまったく違っていた。スタート時の気温は21度。5㎞を14分52秒というハイペースで通過して、10㎞は29分25秒。この地点で日本勢に1分以上の差をつけている。20㎞は59分10秒、中間点は1時間2分34秒と当時の世界記録に近いペースだった。

30㎞は1時間29分14秒で通過して、ワンジルは35㎞過ぎに熱風をなびかせてスパート。気温29度まで上がった暑さのなか、ペースメーカーもつけずに最後まで押し切った。灼熱の北京で刻んだ五輪レコードは、絶好のコンディションで誕生した日本記録（2時間6分16秒）に近いタイムで、日本マラソン界にとってはショッキングな出来事だった。

当然、日本勢はまったく対抗することができなかった。2005年ヘルシンキ世界選手権で銅メダルを獲得した尾方剛《おがたつよし》の13位（2時間13分26秒）が最高で、佐藤敦之《さとうあつし》は完走中最下位の76位（2時間41分08秒）だった。

ワンジルは〝日本育ち〟のランナーで、仙台育英高校を経て、北京五輪の直前までトヨタ自動車九州に所属していた。日本時代に1万mで26分41秒75のジュニア世界記録、ハーフマラソンで58分33秒の世界記録（当時）を樹立しており、駅伝の出場や、日本に180日以上滞在するという実業団連合の登録規定などが煩《わずら》わしかったようだ。すでに世界の「トッププロ選手」となり、企業からのサポートがなくても、大金を稼ぐことができるようになっていた。

ワンジルは2011年5月にケニアの自宅バルコニーから転落死。24歳でこの世を去ったが、北京の〝衝撃〟は真夏に行われる世界大会の〝常識〟を一変させた。2009年ベルリン世界選手権と、2011年テグ世界選手権ではアベル・キルイ（ケニア）が2時間6分54秒、2時間7分38秒という好タイムで連覇《れんぱ》。2012年のロンドン五輪も優勝タイムが2時間8分01秒と、真夏でも2時間6〜8分台というレースがスタンダードになった。

日本勢にとって、北京五輪は〝惨敗《ざんぱい》〟だったが、「戦略」という意味ではターニングポイントになったといえる。日本の男子は北京五輪以降の世界大会から明確に戦い方を変えて、入賞を重ねてきたからだ。

中本健太郎の〝成功例〟に戦うヒントがある

近年の世界大会で最も活躍した日本人選手といえば中本健太郎《なかもとけんたろう》（安川電機）だろ

う。２０１２年のロンドン五輪で６位、翌年のモスクワ世界陸上でも５位に食い込み、世界の舞台で〝連続入賞〟の快挙を果たしている。

中本は元箱根ランナーだが、拓殖《たくしょく》大学では大活躍していない。学生時代のベストは５０００ｍが14分26秒、１万ｍが29分12秒、20㎞が60分58秒。大学４年時でもチーム３〜４番手の選手で、最後のチャンスとなった箱根（第81回大会）は７区を走り、区間16位だった。

当時、この程度の選手がオリンピックで活躍できると、誰も思っていなかっただろう。それでも、「箱根以下の距離では戦えない」という現実をしっかりと受け止めた中本は、「マラソン」という新たな分野に本気でアタック。大成功した。

マラソンの自己ベストは２時間８分35秒で、特に世界大会の〝走り方〟が素晴らしかった。ロンドン五輪ではトップ集団のレース前半のペースアップをスルー。15㎞地点で25位も脱落する選手たちを拾うように、20㎞地点で20位、25㎞地点で９位、30㎞地点では７位に浮上。マイペースを貫《つらぬ》くことで、入賞圏内に滑《すべ》り込んだ。

モスクワ世界選手権では、先頭集団のなかでうまくレースを進めた。30㎞過ぎからのアフリカ勢のスパートに対応することはできなかったが、7位集団から徐々《じょじょ》に順位を上げて、最後は5位でフィニッシュ。3位とは27秒差だった。これが近年の男子では最もメダルに近かった。

中本はマラソンを始めてモスクワ世界選手権までの全11レースをすべて「10位以内」でゴールしている。反対に優勝は一度もない(2位が最高)。マラソンの走り方について、中本は、以下のように語っている。

「マラソンは徐々にペースをつくっていくので、落ち着いてスタートラインに立つことができます。最初からガツガツ行くのではなく、徐々にリズムに乗せていけば、後半の方が楽になってくる。自分はペースに合わせて走るのが得意なので、駅伝よりもマラソンに適しているのかなと思います」

中本は初めて出場した世界大会であるテグ世界選手権では、先頭が目まぐるしく変わる展開に脚《あし》を使い、中間点の前できつくなったという。しかし、モスクワ世界選手権では、トップ集団のペースに過剰《かじょう》反応せずに、自分のペースを貫き、「後半勝負」の戦略が当たった。中本は最低目標を「入賞」と定めてレースを展開。その結果、メダルに接近している。

この中本の〝レース運び〟に「メダル獲得」のヒントがあるのでは、と筆者は感じている。

優勝争いには加わらず、「4位」を目指せ！

日本の「メダル獲得」の方法を探るべく、北京五輪以降の世界大会をチェックしてみた。意外なことに上位のタイム差は結構あいている。他のメジャーレースは30kmまで、ペースメーカーがイーブンで引っ張るため、勝負は残りの約12km。必然的にタイム差はつきにくい。

しかし、ペースメーカーの存在しない世界大会は、ケニア、エチオピアをはじめとするアフリカ勢が、インターバル練習に近いようなスピードチェンジを繰《く》り返して、ライバルたちを振り落としていく。そして、〝仕掛《しか》けどころ〟で圧倒《あっとう》的なスピードを爆発。一気に勝負をかけていくのが近年のオーソドックスなスタイルになっている。

北京五輪（2008年）
①サムエル・ワンジル（ケニア）2時間6分32秒
②ジャウアド・ガリブ（モロッコ）2時間7分16秒
③ツェガエ・ケベデ（エチオピア）2時間10分00秒
④デリバ・メルガ（エチオピア）2時間10分21秒
⑬尾方剛（中国電力）2時間13分26秒

ベルリン世界選手権（2009年）
①アベル・キルイ（ケニア）2時間6分54秒
②エマニュエル・ムタイ（ケニア）2時間7分48秒
③ツェガエ・ケベデ（エチオピア）2時間8分35秒
④イェマネ・ツェガエ（エチオピア）2時間8分42秒

⑥佐藤敦之（中国電力）2時間12分05秒

テグ世界選手権（2011年）

①アベル・キルイ（ケニア）2時間7分38秒
②ヴィンセント・キプルト（ケニア）2時間10分06秒
③フェイサ・リレサ（エチオピア）2時間10分32秒
④アブデラヒム・ブーラムダン（モロッコ）2時間10分55秒
⑦堀端宏行《ほりばたひろゆき》（旭化成）2時間11分52秒

ロンドン五輪（2012年）

①スティーブン・キプロティチ（ウガンダ）2時間8分01秒
②アベル・キルイ（ケニア）2時間8分27秒
③ウィルソン・キプサング（ケニア）2時間9分37秒
④メブ・ケフレジギ（米国）2時間11分06秒

⑥中本健太郎（安川電機）２時間11分16秒

モスクワ世界選手権（２０１３年）
①スティーブン・キプロティチ（ウガンダ）２時間９分51秒
②レリサ・デシサ（エチオピア）２時間10分12秒
③タデッセ・トラ（エチオピア）２時間10分23秒
④ツェガエ・ケベデ（エチオピア）２時間10分47秒
⑤中本健太郎（安川電機）２時間10分50秒

北京世界選手権（２０１５年）
①ギルメイ・ゲブレスラシエ（エリトリア）２時間12分28秒
②イェマネ・ツェガエ（エチオピア）２時間13分08秒
③ムニョ・ソロモン・ムタイ（ウガンダ）２時間13分30秒
④ルッジェーロ・ペルティーレ（イタリア）２時間14分23秒

㉑藤原正和《ふじわらまさかず》（Ｈｏｎｄａ）2時間21分06秒

世界トップクラスの選手たちは、まずは「優勝」、次は「メダル」というターゲットを追いかける。しかし、アフリカ勢は「入賞」ではほとんど評価されないこともあり、「メダル」が難しいとなると、急激にモチベーションを低下させる。ロンドン五輪ではエチオピア勢の3人全員が途中棄権《とちゅうきけん》したほどだ。

逆にいうと、自分たちの実力にフィットする目標を立てることで、モチベーションを保つことができる。ベルリン世界選手権6位の佐藤敦之は優勝者と5分以上、テグ世界選手権7位の堀端宏行もトップと4分近い大差。ロンドン五輪6位の中本も3分以上という圧倒的なタイム差をつけられている。それでも、日本勢が「入賞」できたのは、勝てない相手にケンカを売らなかったからだ。高速ペースには無理に対応するのではなく、入賞ラインを視界にとらえた状態で、マイペースで進み、ライバルたちの減速を待つ。そして、終盤《しゅうばん》に順位を上げていく戦略だ。

たとえば、ロンドン五輪では10㎞を30分38秒で通過した後の5㎞をウィルソン・

	1位と3位のタイム差	3位と4位のタイム差
北京五輪	3分28秒	21秒
ベルリン世界選手権	1分41秒	7秒
テグ世界選手権	2分54秒	23秒
ロンドン五輪	1分36秒	1分29秒
モスクワ世界選手権	32秒	24秒
北京世界選手権	1分02秒	53秒

キプサング（ケニア）が14分11秒と一気にペースアップしており、優勝を目指すなら真っ向勝負するしかない。しかし、「メダル」狙いならどうだろうか？　ちなみに「入賞」が目標だった中本は、自滅した選手を拾うかたちで6位に入っている。

上位選手の「走り」を分析するために、世界大会における金メダルと銅メダルのタイム差と、3位と4位のタイム差も示してみた。

見ていただければ分かるように1位と3位の差、すなわちメダルの色を隔てるタイム差は間延びしている。反対に3位と4位の差、メダルの有無については、僅差《きんさ》になっている。これはどういうことか。

北京五輪以降、男子マラソンのメダル獲得者はすべてアフリカ勢で占《し》められている。彼らは優勝を目指したレースをした末にメダルを獲得しており、優勝を諦《あきら》めた時点で、「メダル確保」のレースに切り替えたと考えられる。前をそれほど追いかけていないのだ。

反対に4位には非アフリカ国の選手が入っている。具体的にいうと、テグ世界選手権のアブデラヒム・ブーラムダン（モロッコ）、ロンドン五輪のメブ・ケフレジギ（米国）、北京世界選手権のルッジェーロ・ペルティィーレ（イタリア）の3人だ。彼らはアフリカ勢のアタックには対応せず、終盤に追い上げる走りで4位に入っている。中本と同じレーススタイルなのだ。彼らの自己ベストはそれぞれ2時間7分33秒、2時間8分37秒、2時間9分53秒と平凡だが、夏に行われる世界大会では4位までに入れることを証明している。

日本人ランナーがアフリカ勢に実力で勝るのは現実的ではないが、4位に入っている非アフリカ国の選手たちに勝つことは十分に可能だ。そこで筆者は「4位」を目標とするレースプランを推奨《すいしょう》したい。

日本人はアフリカ勢の高速スパートを無視して、常に4位を見つめてレースを進める。そこまでは「チームジャパン」として集団走で臨むのも効果的だ。4位まで浮上できれば、メダルまでは数十秒差。大声援《せいえん》が後押しする東京五輪なら〝奇跡《きせき》〟が起きるかもしれない。

1964年の東京五輪では、トラックで円谷幸吉《つぶらやこうきち》が2位から3位に順位を下げたが、2020年の東京五輪では、最後のトラックで日本人が〝逆転メダル〟をさらえば、以後何世紀も語り継がれるヒーローになるだろう。その瞬間《しゅんかん》を期待したいと思う。

では、メダル獲得にはどれぐらいのタイムが必要になるのか。モスクワ世界選手権と北京世界選手権では優勝タイムが2時間9分をオーバーしているが、ケニア勢の本気度が足らなかったのが原因だ。北京では新旧の世界記録保持者であるデニス・キメットとウィルソン・キプサングが出場するも、ふたりとも途中棄権した。彼らは賞金や出場料が潤沢《じゅんたく》なメジャーレースからのオファーが多いため、気象条件の悪い世界選手権をあまり重要視していないからだ。

しかし、オリンピックは状況が異なる。ケニア勢も国の栄誉のためにも本気で臨んでくる可能性が高い。夏の東京といえども、2時間7~9分台で突っ走っても不思議はないだろう。ケニア勢が爆走しなかったモスクワ世界選手権と北京世界選手権を除く4レースでは、1位と3位の平均タイム差が2分24秒になる。優勝タイムを2時間7〜9分台と想定すると、メダル圏内は2時間9〜11分台。夏の東京でこれぐらいのタイムを出すことができれば、日本人の「メダル」が見えてくる。

マラソンで成功できなかった渡辺康幸の新たなる挑戦

絶好のコンディションでも2時間7分台がやっとの日本勢では、夏の東京を2時間9〜11分台で走ることは至難の業《わざ》だ。基本的な〝実力〟をグンと引きあげておく必要があるだろう。現状では勝負できない。

そんな日本マラソン界を変えるべく、新たなことを取り入れようと積極的なのが、今春から住友電工の監督に転身した渡辺康幸《わたなべやすゆき》だ。渡辺は箱根駅伝の元スター選手。自身は低迷していた男子マラソン界の〝救世主〟になることはできなかったが、指導者としては、箱根から世界へ飛び立つ選手を後押ししてきた。

昨年度まで母校・早稲田《わせだ》大学の駅伝監督を務めていた渡辺は、2013年に〝教え子〟だった大迫傑《おおさこすぐる》と『ナイキ・オレゴン・プロジェクト』を視察。そのトレーニングに衝撃《しょうげき》を受け、同時に日本長距離界の現状に危機感を持ったという。

「アルベルト・サラザールの指導は想像を絶するものでした。だからこそ、米国の白人ランナーがケニア、エチオピアを倒して、世界大会でメダルを獲得しているんです。日本の指導は100歩くらい遅れています。根性論ではないですけど、昔、自分はこんな練習をしたという話が多い。もっと理論的に進めなければいけません。

東京五輪でメダルと選手や指導者が簡単に言っていますけど、ケニア、エチオピア、米国の選手に勝つことはほぼ不可能に近い。アフリカ人と日本人はカラダのつくりが異なる部分もあるので、参考にするのは難しい。でも、白人は日本人と近い。日本人の成功のカギは米国にあると思っています。同じことをやっても、世界大会のメダルは難しいですけど、できれば、ナイキ・オレゴン・プロジェクトの指導を参考にしながら、新しいことをやっていきたいと思っています」

ナイキ・オレゴン・プロジェクトには、スプリントコーチ、理学療法士《りょうほうし》、フィジカルトレーナーなど各選手にスペシャリストのコーチがそれぞれついており、専門家がマン・ツー・マンで指導している。そして、トレーニングの特徴《とくちょう》としては、「設定ペース」が速いことにある。

「日本は長距離選手のスピードに対する意識が薄すぎます。私の現役時代もそうでしたが、『スピード』よりも『距離』を重要視していました。でも、これからは、長距離選手も短距離的な動きが必要な時代です。

ナイキ・オレゴン・プロジェクトは200m以下のスプリント的な練習も多いので、フィジカルトレーニングも入れていかないとカラダが持ちません。専門家の指導のもとで、速い動きに耐えるだけのカラダづくりも必要になってきます。日本は距離に関しては十分に踏んでいますけど、質が低い。マラソンでサブ10を目指すなら、従来のやり方でもいいと思うんですけど、2時間5〜6分台を目指すなら、絶対にスピードが必要になってきます」（渡辺）

他にもナイキ・オレゴン・プロジェクトでは、液体窒素《ちっそ》を使用して脚を瞬時にアイシングする装置など最先端の器具も活用しているという。そのなかで、渡辺は

「低酸素テント」に目をつけて、有力選手にはやくから使用させている。

低酸素テントは、人工的に酸素濃度を下げた状態の空間をつくることができるマシンだ。そこで睡眠や休息タイムを過ごすことで、高地での生活を〝疑似《ぎじ》体験〟。酸素運搬《うんぱん》能力の向上が期待できる。

実際に高地で生活するには、移動や生活環境《かんきょう》の整備、気温の低さなどトレーニングをするうえでのリスクもあるが、低酸素テントならどこでも使用可能。リスクを考えずに、トレーニングに集中できるメリットがある。低酸素テントは、東洋大学、東海大学、城西《じょうさい》大学など箱根駅伝出場校でも活用している大学は増えており、個人で購入《こうにゅう》して使用している有力選手もいる。

いずれにしても、指導者も国内だけでなく、「世界」と「未来」を見据《みす》えて、選手をナビゲートしていかないといけない。渡辺は、「2020年東京五輪のマラソン代表を出したい。次に世界大会の入賞選手を育てて、最終的には世界大会のメダリストですね。とにかく、住友電工で思い切った取り組みをしていきます」と話しているが、日本独自の〝マラソン・メソッド〟が誕生することも期待したい。

タレントの出現が待たれる女子マラソン

女子は男子と比べれば、世界大会の「メダル」は近いといえる。2013年のモスクワ世界選手権では福士加代子《ふくしかよこ》（ワコール）が銅メダル、木﨑良子《きざきりょうこ》（ダイハツ）も4位に入っている。男子と違って女子は日本独自のトレーニングが確立されていることだろう。

高橋尚子《たかはしなおこ》と野口《のぐち》みずきがオリンピックで金メダルに輝いているが、そこから世界はほとんど進歩していない。世界大会でメダルや上位入賞を達成させた指導者は国内に何人もいる。指導のスキルはあるわけで、それだけの〝素材〟がいれば、世界トップと互角《ごかく》に戦える可能性は十分にある。

また男子と違い、所属の違う選手同士が合同合宿をするなど、「チームジャパン」として強化を図ってきた。お互いの情報を共有することで、本番での不要な日本人同士の争いを回避。レース展開によってはチームプレーも発揮している。

現在の日本記録はアテネ五輪で金メダルを獲得した野口みずきが翌2005年の

ベルリンで樹立した2時間19分12秒だが、現在24歳の前田彩里（ダイハツ）などには塗り替えるチャンスがあるだろう。前田を指導する林清司《はやしきよじ》監督はこう話している。

「近年、日本女子マラソンは好タイムが出ていませんが、日本記録を樹立した高橋尚子さん、野口みずきさんは終盤のスパート力で勝負するのではなく、序盤から突《つ》っ込《こ》んで、最後まで押し切って勝つタイプの選手だと思います。たまたまそういうタイプの選手が出てこなかったことも、女子マラソン低迷の原因じゃないでしょうか。

前田も持久力的な能力が高い選手です。５㎞17分30秒ペースなら30㎞でも余力がありますし、今後のトレーニング次第では５㎞16分40〜50秒くらいのペース設定でも行ける能力があると思います。すぐは難しいですけど、年月をかけて取り組めば、日本記録に近いタイムは出るんじゃないでしょうか」

女子はエースの出現と、タレント不足の解消が２０２０年東京五輪「メダル」への道。前田がタイムを押し上げ、次の世代の選手たちもマラソンに本格参戦することで、〝強いニッポン〟が復活するだろう。

夏の東京オリンピックは「最新科学」で勝負しろ！

東京五輪のマラソンは女子が8月2日、男子が8月9日。スタート時間は午前7時30分という予定になっている。近年の気象条件から予測すると気温30度前後のなかでの戦いになるだろう。

これまで日本勢は夏マラソンを得意としてきた。なぜなら科学的データを駆使することで、「暑さ対策」というアドバンテージを得てきたからだ。今夏の北京世界選手権には、手のひらを冷やすことで体温の上昇を緩《ゆる》やかにする効果が期待できるという「コアコントロール」も試している。腕の末端《まったん》に圧をかけながら氷水を循環《じゅんかん》させるボックスに手を入れることで、手のひらが冷やされるという仕組みだ。これを「スタートの10分前」に使用。手のひらを冷やしておくことで、体温の上昇が抑《おさ》えられ、レース中に水をかぶればカラダを冷やす効果が高くなるという。

北京では、その効果が結果として表れることはなかったが、このような最先端科学をもっと活用すべきだろう。「走り」で勝てなければ、「頭」で勝負するのも日本らしさだ。シューズ、ウエア、給水、それから応援。アフリカ勢との実力差を様々な要素で埋《う》めていくしかない。

　東京五輪マラソンでの「メダル」は、もはや選手だけの問題ではなく、日本国民の〝希望〟なのだから。

あとがき　2020年に〝日の丸〟ははためくのか？

東京五輪のマラソンでメダルを獲得《かくとく》できますか？　そう問われれば、筆者はこう答えていたと思う。「まあ、無理でしょうね。実力差がすごくありますから」と。陸上競技をメインとするスポーツライターという職業柄《がら》、日本マラソン勢の活躍《かつやく》を期待していたが、自分にはどうすることもできない問題だと思っていた。走るのは選手。ライターが何か主張したところで、何も変わらない。

しかし、本書の執筆依頼《しっぴついらい》をされてから、筆者なりに何か秘策があるのではないかと考えてきた。同時に、多くの関係者に〝メダル〟の可能性を聞いてきた。結果として、「難しい」という考え方は変わらないものの、「少しはチャンスがあるのでは」と感じるようになった。それは〝小さな発見〟だと思っている。

本書は現在の日本マラソン界が抱《かか》える問題点を、これでもかというくらい指摘《してき》してきた。選手や指導者の立場では、日本陸連、大会主催《しゅさい》者、所属チームを批判するのは難しいからだ。本書を読んで、気分を害する人たちもいるだろう。しかし、未来のマラソン界のために、スポーツライターとしての役割を貫《つらぬ》いたつもりだ。そして、「良くない要素」を明確にすることで、具体的な対策案が出るのではと期待している。

日本のスポーツ界は2020年のビッグイベントに向けて、大きな盛り上がりを見せるだろう。本番に向けて、日本メディアの典型ともいえるプラス思考の提灯《ちょうちん》記事が乱発するはずだ。絶対にバブルがやってくる。そして、パチンと弾《はじ》けるだろう。

持ち上げられた選手たちが自国開催のオリンピックで〝惨敗《ざんぱい》〟する姿は見たくないし、そういう場面が続くことで、「スポーツ離《ばな》れ」が急速に進む危険もあると思っている。そのなかで、日本のマラソンが果たす役割は非常に大きい。

マラソンは日本人にとって人気種目であり、沿道で応援《おうえん》できる種目のため、多くの方がその〝リアル〟に触《ふ》れることができる。1964年の東京五輪を救った円谷《つぶらや》幸吉《こうきち》のようなヒーローが現れるのか。いや、筆者は〝感動のシーン〟が絶対に見られると信じている――。

選書のためのあとがき　東京五輪に向けて日本マラソン界が動き出した

本書で述べてきた通り、近年の日本勢は厳しい戦いを強いられてきた。しかし、5000m日本記録保持者・大迫傑《おおさこすぐる》（ナイキ・オレゴン・プロジェクト）のマラソン参戦をきっかけに上昇機運が高まっている。

大迫は17年4月のボストンで初マラソンに挑戦。表彰台（3位）にのぼると、同年12月の福岡国際を現役最速タイム（当時）となる2時間7分19秒（当時・日本歴代5位）で走破した。そして大迫の活躍に刺激《しげき》を受けた同学年の設楽悠太《したらゆうた》（Honda）が、18年2月の東京で14年ぶりに日本記録を塗《ぬ》り替える2時間6分11秒で走破。同大会では1学年下の井上大仁《いのうえひろと》（MHPS）も2時間6分台をマークするなど、日本人選手9名がサブ10を達成した。さらに川内優輝《かわうちゆうき》（埼玉県庁）が同年4月のボストンで優勝。メダリストたちを撃破《げきは》して、世界を驚かせた。公務員ランナーは、19年春にプロに転向する。神野大地《かみのだいち》もコニカミノルタを退社して、プロランナーとして動き出した。18年10月のシカゴでは大迫傑が2時間5分50秒と日本記録をさらに短縮。日本人初の2時間5分台に突入している。

女子も18年1月の大阪国際で22歳（当時）の松田瑞生《まつだみずき》（ダイハツ）が2時間22分44秒（日本歴代9位）で優勝。同年3月の名古屋ウィメンズは22歳（当時）の関根《せきね》花観《はなみ》（日本郵政グループ）が2時間23分07秒で日本人トップに輝くなど、若手の台頭が目立っている。18年8月の北海道では鈴木亜由子《すずきあゆこ》（日本郵政グループ）がマラソンに初挑戦して優勝を飾った。

これだけ日本勢が活況《かっきょう》してきたのは、「東京五輪はマラソンで勝負したい」と本気で考えている選手が多いからだろう。日本陸連がMGC（マラソングラウンドチャンピオンシップ）を設立して、東京五輪代表への道筋を明確にしたのも大きい。

しかし、世界も高速化が顕著《けんちょ》になっている。18年9月のベルリンではリオ五輪金メダリストのエリウド・キプチョゲ（ケニア）が2時間1分39秒の世界記録を樹立。従来の世界記録（2時間2分57秒）を1分以上も更新したのだ。女子も2時間20分を切る選手が続々と登場している。

日本勢にとって、世界との差はまだまだ小さくない。それでも、「夏の東京ならメダルを獲得《かくとく》できるのでは!?」という淡い期待を抱いているのは筆者だけではないだろう。本書を読んで、東京五輪までのストーリーを感じていただければ幸いだ。

本書は2015年12月に『東京五輪マラソンで日本がメダルを取るために必要なこと』として、ポプラ新書より刊行したものを、ルビを加え選書化したものになります。

★酒井政人（さかい・まさと）

1977年生まれ、愛知県出身。スポーツライター。東京農業大学では1年生のときに箱根駅伝10区に出場。8位で大手町のゴールテープを切った。が、大学2年から故障で走れず、競技を断念。大学卒業後、ほどなくスポーツライターに。著書に『箱根駅伝 襷をつなぐドラマ』『箱根駅伝監督 人とチームを育てる、勝利のマネジメント術』『箱根駅伝ノート』などがある。

未来へのトビラ
A Door to the Future

★ポプラ選書　未来へのトビラ

東京五輪マラソンで日本がメダルを取るために必要なこと

2019年4月　第1刷発行

著者　酒井政人
発行者　長谷川 均
編集　吉川健二郎
発行所　株式会社 ポプラ社

〒102-8519 東京都千代田区麹町4-2-6
電話 03-5877-8109(営業)03-5877-8112(編集)
一般書事業局ホームページ www.webasta.jp

ブックデザイン　bookwall
印刷・製本　中央精版印刷株式会社

N.D.C.780/207P/19cm ISBN978-4-591-16095-4